김용재 공무원 **회계학**

실전동형
모의고사

gong.conects.com

개정 2판

KB198338

실전과 가장 비슷한
'진짜' 동형모의고사

실전과 가장 비슷한 '진짜' 동형모의고사

양질의 타 회계학 시험 기출문제 다수 수록

판서를 실제로 옮긴 듯한 해설

김 용 재 편저

모의고사
14회분
+
정답 및 해설

https://cafe.naver.com/**gongcpa**

https://**hmstory.kr**

머리말

1. 김용재 공무원 회계학 실전동형모의고사

본서는 9급 공무원 회계학 실전동형모의고사이며, 공무원 시험을 위한 마지막 관문입니다. 김용재 공무원 회계학 실전동형모의고사는 다음의 세 가지 특징을 갖고 있습니다.

(1) 실전과 가장 비슷한 '진짜' 동형모의고사

정말 실전과 비슷한 모의고사를 통해 실전 대비를 할 것입니다. 모의고사의 핵심은 2가지입니다. 실전과 비슷한 **출제 경향**과 **난이도**입니다.

시중에는 많은 공무원 회계학 동형모의고사가 있습니다. 하지만 '실전 대비를 위해 약간은 어렵게'라는 허울뿐인 메시지 아래 동형(同形, 같은 모양)의 본질을 잃고 말았습니다. 정작 공무원 회계학에는 거의 나오지 않는 문제, 그리고 너무나도 어려운 난이도의 문제를 다수 포함하고 있습니다. 시험이 얼마 안 남은 이 시점, 전 범위에 대한 수험생들의 이해도가 거의 완성된 상태에서 모르는 내용을 계속 수험생에게 제시해야 강의로 유입되기 때문에 생겨난 강사의 전략입니다.

그동안은 여러분이 실제 출제경향을 몰랐기 때문에 강사의 노림수에 당했었다면, 이제는 여러분이 연도별 기출문제집을 통해 실제 기출문제의 출제 경향과 난이도를 숙지하셨기 때문에 이런 속임수는 여러분께 통하지 않습니다.

저는 기출문제에 대한 '철저한' 출제 경향 분석을 통하여 각 유형을 실전과 최대한 비슷한 빈도로 배치하고, 비슷한 난이도의 문제들로 모의고사를 구성하였습니다. 막상 풀어보시면 '생각보다 쉬운데?'라는 생각이 드실 겁니다. 제가 항상 강조하지만, 회계학은 기존에 출제되었던 주제가 반복해서 출제되는 경향이 굉장히 강한 과목입니다. 제가 코어-파워-패턴에 걸쳐서 중요 주제 위주로 강조를 하면서 가르쳤기 때문에, 대부분의 문제를 쉽게 풀 수 있을 것입니다.

(2) 양질의 타 회계학 시험 기출문제 다수 수록

본서는 강사가 만든 문제보다, 타 회계학 시험 기출문제들 위주로 수록하고 있습니다. 공무원 시험과 가장 난이도가 비슷한 계리사 시험 기출문제부터, 관세사, 회계사 기출문제까지 포함하고 있습니다.

시중의 모의고사와 관련해서 가장 많이 보였던 컴플레인이, 퀄리티와 관련된 부분이었습니다. 아무래도 강사가 직접 문제를 출제하게 되면 인력 부족 등의 문제로 인해 오타나, 표현의 중의성 등으로 인해 문제에 오류가 포함될 가능성이 높습니다. 특히 회계학의 경우 문장에서 수식어가 어디까지 포괄할지 관점에 따라 문제 풀이가 완전히 달라지기 때문에 이러한 오류가 미치는 영향이 상당히 심각합니다.

이에 반해 계리사 등의 회계학 시험은 다수의 전문 출제위원이 오랫동안 문제를 검수하기 때문에 퀄리티가 훨씬 높습니다. 특히, 보험계리사 기출문제는 공무원 시험과 난이도가 상당히 비슷합니다. 정말로 실전을 대비할 수 있는 '살짝 어려운' 난이도입니다. 공무원 수험생에게 이 기출문제들이 정말 도움이 많이 됩니다.

(3) 판서를 실제로 옮긴 듯한 해설

제가 수험생 시절 공부를 할 때 참 불편했던 것이, 교수님이 실제로 문제를 풀 때는 풀이법으로 풀고, 판서도 그 풀이법으로 하시는데, 교재의 해설을 보면 풀이법이 있는 게 아니라, 그냥 계산식만 줄글로 쓰여있는 것입니다. 그래서 정작 문제를 풀다가 막히면 해설을 봐서는 이해가 되지 않고, 다시 강의를 봐야 했습니다. 수험생에게 이런 불편함이 있다는 것을 누구보다 잘 알기에, 제가 실제로 강의할 때 사용하는 풀이법을 그대로 해설에 적어드렸습니다. 실전에서도 여러분들이 그 풀이법 그대로 푸시면 됩니다. 제가 강의할 때, 여러분이 혼자 풀 때, 몰라서 해설을 볼 때 모두 일관성 있게 같은 풀이법을 적용하기 때문에 실전에서 적용하시기 편할 것입니다.

2. 김용재 실전동형모의고사 공부법

(1) 연도별 기출문제집을 먼저 풀고 모의고사를 풀 것

아직 연도별 기출문제집을 풀지 않으셨다면, 기출문제집을 먼저 풀고 난 다음 모의고사를 풀 것을 추천드립니다. **실제로 출제된 기출문제보다 실제 출제경향과 난이도를 더 잘 반영하고 있는 모의고사는 없습니다.** 모의고사보다 기출문제가 우선입니다. 기출문제를 다 풀고 나서 시간이 남고, 더 많은 문제를 풀고 싶으신 분만 모의고사를 푸시면 됩니다.

수험생분들 중에서, '기출문제는 코어 회계학과 파워 회계학에서 풀었으니까 기출문제집 생략하고 동형모의고사로 가면 안 돼요?'라고 질문해주시는 분들이 많습니다. 안 됩니다. **반드시 연도별 기출문제집을 풀고 모의고사로 넘어와주세요.** 기출문제는 코어 회계학과 파워 회계학에서 푼 문제이긴 하지만, 그때는 기출문제를 단원별로 풀었습니다. 분명 풀었던 문제라고 하더라도 전범위의 문제가 섞여 있는 기출문제의 형태로 풀어보면 느낌이 다르게 느껴질 것입니다.

또한, 수험생 여러분이 실전 감각이 없기 때문에 실제 연도별 기출문제를 풀어봄으로써 '실제 시험이 이 정도로 출제되는구나'라는 감을 키울 수 있습니다. 이 감이 있는 것과 없는 것은 큰 차이를 가져옵니다. 그동안 수험생들이 시험에 출제되지도 않는 지엽적인 주제, 어려운 문제들을 풀면서 시간을 허비했던 것이 이 실전 감각이 없었기 때문입니다. 기출문제집을 통해 실전 감각을 키우신다면 더 이상 같은 실수를 범하지 않을 것입니다.

(2) 강의를 듣기 전에 시간을 재고 모의고사를 먼저 풀기

강의를 듣기 전에 반드시 문제를 먼저 풀어주세요. 이때 시간을 재고 다음과 같이 문제를 풀어주세요.

첫 번째, 20분을 재고 문제를 풀어보세요. 이제 실전이기 때문에 20분 안에 OMR 카드 마킹까지 해주세요. 못 푼 문제는 찍어서라도 마킹을 해주세요. 마킹도 자주 해보면 점차 익숙해지면서 마킹하는 속도가 빨라질 것입니다.

두 번째, 못 푼 나머지 문제를 시간제한 없이 모두 푸세요. 시간에 쫓겨 제대로 검토하지 못하고 대충 찍은 문제도 천천히 풀어보세요. 만약 최초의 정답과 답이 바뀌었다면 다른 색으로 마킹을 해주세요. 컴퓨터용 싸인펜이 검은색과 빨간색 양면으로 되어 있기 때문에, 20분 안에는 검은색으로 마킹하시고, 답이 바뀌면 빨간색으로 마킹하세요.

세 번째, 채점을 두 번 합니다. 20분 동안 풀었을 때의 점수와 시간제한 없이 풀었을 때의 점수를 확인합니다.

머리말

(3) 문제 풀이 시간에 따른 대처법

만약 위처럼 시간을 재고 풀었을 때의 점수가 생각보다 안 나왔을 때에는 해결 방법이 두 가지입니다. 여러분이 처한 상황이 무엇이냐에 따라서 사용해야 하는 해결 방법이 달라집니다.

첫째, 20분을 재고 풀었을 때는 점수가 낮지만, 시간을 무한대로 두었을 때는 점수가 많이 올랐다면 내용은 알고 있지만 **'시간이 없어서'** 못 푼 것입니다. 시간이 없어서 못 풀었다면 문제 풀이 속도를 빠르게 만들어야 합니다. 따라서 **문제를 더 많이** 푸는 것에 중점을 두고 문제 풀이를 많이 하시길 바랍니다. 코어 회계학과 파워 회계학에 있는 예제를 반복해서 풀어주세요.

둘째, 시간을 제한하지 않았을 때에도 점수가 여전히 낮다면 **'내용을 몰라서'** 못 푼 것입니다. 내용을 몰라서 못 풀었다면 문제를 많이 풀기보다는, 내용을 더 보셔야 됩니다. 모의고사를 계속해서 풀기보다는, 이론 부분 위주로 보시면서 각 주제별 풀이법을 숙지하는 것을 목표로 하세요.

(4) 안 배운 문제들

안 배운 문제가 1~2문제씩 섞여 있을텐데, 이 문제들은 풀라고 출제한 것이 아니라, 넘기라고 출제한 문제들입니다. 실전에서도 안 배운 문제가 평균적으로 1문제, 많은 경우 2문제가 포함될 수도 있습니다. 이러한 지엽적인 내용들까지 공부하면 공부해야 하는 범위가 급격히 늘어나기 때문에 그동안 다루지 않았습니다.

만약 평균적으로 모의고사에서 90점 이상을 득점했고, 이러한 지엽적인 문제들 때문에 100점을 아쉽게도 놓치고 있는 상황이라면, 특수주제 특강을 통해서 부족한 부분을 보완할 것을 추천드립니다.

(5) 연습장 활용

계산문제가 많음에도 불구하고 문제 간 간격이 좁습니다. 빈 공간에 문제를 풀기가 어렵다면, 연습장에 문제를 푸셔도 괜찮습니다. 실전에서는 문제 간격이 넓습니다.

3. 재무회계 문제만으로 구성한 회차

12~14회는 관세직 수험생분들도 실전 연습을 할 수 있도록 재무회계 문제만 20문제로 구성하였습니다. 세무직 수험생분들도 어차피 재무회계 문제를 풀어야 하니, 같이 풀어주시면 되겠습니다.

4. 네이버 카페 안내

수험생분들을 위한 네이버 카페를 운영하고 있습니다. 아래 주소로 들어오시거나, QR코드를 찍어서 들어오셔도 됩니다. 중요한 공지나 많은 분들이 공통적으로 질문 주시는 내용은 카페에 올리고 있습니다. 여러분들도 공부하시다가 궁금하신 내용은 편하게 질문글로 올려주시면 됩니다.

https://cafe.naver.com/gongcpa

목차   Contents

1. 다음 중 재무제표 표시에 대한 설명으로 옳지 않은 것은?

① 기업은 발생기준회계를 사용하여 모든 재무제표를 작성한다.

② 한국채택국제회계기준에서 요구하거나 허용하지 않는 한, 자산과 부채 그리고 수익과 비용은 상계하지 않지만, 재고자산의 재고자산평가충당금과 매출채권의 대손충당금과 같은 평가충당금을 차감하여 관련 자산을 순액으로 측정하는 것은 상계표시에 해당하지 않는다.

③ 한국채택국제회계기준에 따르면 재무제표를 작성할 때 경영진은 계속기업으로서의 존속가능성을 평가해야 하며, 적어도 보고기간말로부터 향후 12개월 기간에 대하여 이용가능한 모든 정보를 고려해야 한다.

④ 한국채택국제회계기준에 따른 재무제표는 재무상태표, 포괄손익계산서, 자본변동표, 현금흐름표 및 주석으로 구성된다.

2. 재무보고를 위한 개념체계에서 제시한 유용한 정보로서 갖추어야할 질적특성 중 근본적 질적특성에 대한 설명으로 옳지 않은 것은?

① 적시성은 의사결정에 영향을 미칠 수 있도록 의사결정자가 정보를 제때에 이용가능하게 하는 것을 의미한다.

② 재무정보에 예측가치, 확인가치 또는 이 둘 모두가 있다면 그 재무정보는 의사결정에 차이가 나도록 할 수 있다.

③ 정보가 누락되거나 잘못 기재된 경우 특정 보고기업의 재무정보에 근거한 정보이용자의 의사결정에 영향을 줄 수 있다면 그 정보는 중요한 것이다.

④ 재무보고서는 경제적 현상을 글과 숫자로 나타내는 것이다. 재무정보가 유용하기 위해서는 목적적합한 현상을 표현하는 것뿐만 아니라 나타내고자 하는 현상을 충실하게 표현해야 한다.

3. 중간재무보고에 관한 설명으로 옳지 않은 것은?

① 중간재무보고는 6개월, 3개월 등으로 보고기간을 설정할 수 있다.

② 직전 연차재무보고서를 연결기준으로 작성하였다면 중간재무보고서도 연결기준으로 작성해야 한다.

③ 중간재무보고서는 당해 중간보고기간말과 직전 연차보고기간말을 비교하는 형식으로 작성한 재무상태표를 포함하여야 한다.

④ 중간재무보고서는 당해 중간기간과 당해 회계연도 누적기간을 직전 회계연도의 동일기간과 비교하는 형식으로 작성한 포괄손익계산서, 현금흐름표 및 자본변동표를 포함하여야 한다.

4. 다음은 일반회계만으로 구성된 중앙관서 A부처의 20×1년도 자료이다. 다음 중 20×1년도 재무제표에 대한 설명으로 옳지 않은 것은?

프로그램수익	₩40,000	프로그램총원가	₩300,000
비배분수익	₩20,000	비배분비용	₩30,000
비교환수익	₩24,000	관리운영비	₩60,000

① A부처의 재정운영표에 표시되는 프로그램순원가는 ₩260,000이다.

② A부처의 재정운영표에 표시되는 재정운영순원가는 ₩330,000이다.

③ A부처의 재정운영표에 표시되는 재정운영결과는 ₩306,000이다.

④ A부처의 순자산변동표에서 재원의 조달 및 이전란에 표시될 금액은 ₩24,000이다.

5. (주)한국은 2022년 1월 1일 (주)서울 발행주식의 30%를 취득하여 유의적인 영향력을 행사하게 되었다. (주)서울이 2022년 ₩20,000의 당기순이익을 보고하고 ₩5,000의 배당금을 지급하였다. 2022년 12월 31일 (주)한국이 보유하고 있는 (주)서울 주식을 재무상태표에 ₩30,000으로 표시하고 있다면, (주)한국의 2022년 1월 1일 (주)서울 주식의 취득원가는 얼마인가?

① ₩30,000 　　② ₩25,500

③ ₩24,000 　　④ ₩20,000

6. 다음은 개인기업인 한국상점의 상품과 관련된 자료이다. 자료를 반영한 후 매출총이익을 계산한 금액으로 옳은 것은?

> • 기초 상품 장부금액 : ₩30,000
> • 매출 : ₩100,000
> • 매입 : ₩70,000
> • 장부 상품 재고 수량 : 20개
> 　(매입 원가 @₩1,000)
> • 실제 상품 재고 수량 : 15개(감모 수량 중 3개는 정상적인 발생분이고, 나머지는 비정상적인 발생분임.)
> • 순실현가능가치 : @₩900
> • 한국상점은 재고자산평가손실 및 정상적인 재고자산감모손실은 매출원가로 처리하고, 비정상적인 재고자산감모손실은 기타비용으로 처리하고 있다.

① ₩15,500 　　② ₩17,500

③ ₩84,500 　　④ ₩86,500

7. (주)한국은 당기 중에 영업을 시작하였으며, 당해 연도의 생산 및 판매와 관련된 자료는 <보기>와 같다. (주)한국은 변동원가계산을 사용하여 ₩100,000의 순이익을 보고하였다면 전부원가계산에 의한 순이익은?

보기
생산량 200개
판매량 180개

• 총 변동재료원가	₩100,000
• 총 변동가공원가	₩20,000
• 총 고정제조간접원가	₩30,000
• 총 고정판매비	₩10,000

① ₩97,000 　　② ₩100,000

③ ₩103,000 　　④ ₩105,000

8. 고객과의 계약에서 생기는 수익에 대한 설명으로 옳지 않은 것은?

① 수익을 인식하기 위해서는 '고객과의 계약 식별', '수행의무 식별', '거래가격 산정', '거래가격을 계약 내 수행의무에 배분', '수행의무를 이행할 때 수익인식'의 단계를 적용한다.

② 고객과의 계약을 식별하기 위해서는 고객에게 이전할 재화나 용역에 대하여 받을 권리를 갖게 될 대가의 회수 가능성이 높아야 한다.

③ 고객은 기업이 수행하는 대로 기업의 수행에서 제공하는 효익을 동시에 얻고 소비하는 경우 기업은 기간에 걸쳐 수익을 인식한다.

④ 기업에 특성이 비슷한 계약이 많은 경우에 '가능성이 가장 높은 금액'은 변동대가(금액)의 적절한 추정치일 수 있다.

9. 『국가회계기준에 관한 규칙』상 자산과 부채의 평가에 대한 설명으로 옳지 않은 것은?

① 재정상태표에 표시하는 자산의 가액은 해당 자산의 취득원가를 기초로 하여 계상한다.

② 무주부동산의 취득, 국가 외의 상대방과의 교환 또는 기부채납 등의 방법으로 자산을 취득한 경우에는 취득 당시의 공정가액을 취득원가로 한다.

③ 국가회계실체 사이에 발생하는 관리전환은 무상거래일 경우에는 자산의 공정가액을 취득원가로 하고, 유상거래일 경우에는 자산의 장부가액을 취득원가로 한다.

④ 투자증권은 신뢰성 있게 공정가액을 측정할 수 있으면 그 공정가액으로 평가한다.

10. (주)한국은 20×1년 7월 1일 내용연수 4년, 잔존가치 ₩100,000인 업무용 차량을 구입하여 정액법으로 감가상각하고 있으며, 동 차량과 관련된 지출내역은 아래와 같다. (주)한국은 동 업무용 차량에 대하여 원가모형을 적용하고 있으며, 취득시점 이후 동 차량의 자산손상은 없었다. 20×1년 동 업무용 차량의 감가상각비는? 단, (주)한국은 감가상각비를 월할 계산한다.

항목	금액
차량가격	₩1,000,000
취득세 및 등록세	₩300,000
자동차보험료	₩200,000
하이패스 충전액	₩100,000

① ₩150,000　② ₩175,000

③ ₩187,500　④ ₩300,000

11. (주)서울은 2022년 12월 말에 주당 액면금액 ₩5,000인 보통주 100주를 주당 ₩10,000에 발행(유상증자)하였으며, 주식 발행과 직접 관련된 원가 ₩100,000과 간접 관련된 원가 ₩50,000이 발생하였다. 유상증자 직전에 (주)서울의 자본에는 주식할인발행차금의 미상각잔액이 ₩200,000 존재하였다. 이 거래와 관련하여 (주)서울이 2022년 말에 보고할 주식발행초과금은?

① ₩200,000　② ₩300,000

③ ₩400,000　④ ₩500,000

12. (주)한국은 20×1년 중 (주)서울의 주식 20주를 주당 ₩1,000에 취득하였으며, 취득 시 총 수수료가 ₩1,000 발생하였다. (주)한국은 상기 주식을 기타포괄손익-공정가치 측정 금융자산으로 분류하고 있으며, 주당 공정가치는 다음과 같다.

구 분	20×1년 말	20×2년 말	20×3년 말
(주)서울 주식	₩1,300	₩1,000	₩1,500

(주)한국이 20×4년 상기 주식을 주당 ₩1,400에 처분하였다면, 20×1년과 20×4년의 기타포괄손익에 미치는 영향은 각각 얼마인가?

	20×1년	20×4년
①	₩3,000	(₩2,000)
②	₩5,000	(₩2,000)
③	₩5,000	(₩7,000)
④	₩9,000	(₩7,000)

13. A회사의 기초와 기말 재무상태표에 계상되어 있는 선급임차료는 각각 ₩10,000과 ₩20,000이며, 당기 포괄손익계산서에 계상되어 있는 임차료는 ₩40,000이다. 당기에 현금으로 지급한 임차료는 얼마인가?

① ₩40,000   ② ₩50,000

③ ₩60,000   ④ ₩70,000

14. A사의 기초 유동비율이 200%이고 당좌비율이 100%이다. A사는 당기 중 상품 ₩3,000을 매입하면서 ₩1,500은 현금으로 지급하고, 나머지는 외상으로 하였다. 이 거래로 인해 기초 대비 유동비율과 당좌비율의 변화로 옳은 것은?

	유동비율	당좌비율
①	감소	감소
②	감소	불변
③	불변	증가
④	증가	감소

15. 다음 중 무형자산에 대한 설명으로 옳지 않은 것은?

① 내부적으로 창출한 영업권은 자산으로 인식하지 아니한다.

② 무형자산을 창출하기 위한 내부 프로젝트를 연구단계와 개발단계로 구분할 수 없는 경우에는 그 프로젝트에서 발생한 지출은 모두 연구단계에서 발생한 것으로 본다.

③ 연구개발투자의 회계처리에서, 개발단계에서 발생한 지출은 미래 경제적 효익을 창출할 가능성이 높지 않으면 비용으로 처리한다.

④ 내부적으로 창출한 브랜드, 제호, 출판표제, 고객 목록은 개발하는데 발생한 원가를 전체 사업과 구별할 수 없더라도 무형자산으로 인식한다.

16. 영광(주)가 보고한 연도별 순이익과 재고자산 관련 자료는 다음과 같다. 영광(주)는 20×1년초에 영업을 시작하였고 재고자산 관련 오류는 모두 20×4년 중에 파악되었다고 가정할 때, 다음 자료를 기초로 20×2년과 20×3년의 올바른 당기순이익을 구하면 각각 얼마인가? 단, 법인세 효과는 무시하기로 한다.

회계연도	당기순이익	기말재고자산 오류
20×1	₩200,000	₩30,000 과대계상
20×2	₩300,000	₩70,000 과대계상
20×3	₩400,000	₩20,000 과소계상

	20×2년	20×3년
①	₩200,000	₩490,000
②	₩230,000	₩470,000
③	₩240,000	₩310,000
④	₩260,000	₩490,000

17. A사는 20×3년 12월 31일에 다음과 같은 수정분개를 하였다.

(차)	소모품	₩250,000
(대)	소모품비	₩250,000

A사는 20×3년도 중 소모품을 구입하기 위해 ₩600,000을 현금 지급하였으며 20×3년초에 소모품 재고를 보유하고 있지는 않았다. 20×3년 말에 A사가 보유하고 있는 소모품의 재고액은 얼마인가?

① ₩250,000   ② ₩600,000

③ ₩350,000   ④ ₩850,000

18. 표준원가계산제도를 채택하고 있는 (주)한국은 제조간접원가를 기계작업시간을 기준으로 배부한다. 제품 한 단위당 표준 기계작업시간은 5시간이고, 기계작업시간당 고정제조간접원가는 ₩3으로 제품 단위당 표준고정제조간접원가는 ₩15이다. 20×1년 4월 중 제품 9,000개를 생산하였는데 실제 기계작업시간은 44,000시간이었고, 고정제조간접원가 ₩160,000이 발생하였다. 고정제조간접원가의 조업도 차이가 ₩15,000 불리한 차이라면 고정제조간접원가의 예산차이는?

① ₩10,000 유리
② ₩10,000 불리
③ ₩15,000 유리
④ ₩15,000 불리

19. 다음은 (주)한국의 20×1년 당기 제조원가에 관한 자료이다.

	기 초	기 말
• 원재료	₩35,000	₩20,000
• 재공품	30,000	15,000
• 제 품	25,000	20,000

원재료의 당기 매입액은 ₩27,000이고 직접노무원가 발생액은 실제가공원가의 80%이며, 제조간접원가는 ₩60,000이다. (주)한국의 20×1년 당기제품제조원가는 얼마인가?

① ₩342,000
② ₩357,000
③ ₩402,000
④ ₩417,000

20. (주)한국은 평균법을 이용하여 종합원가계산을 실시한다. 다음 자료에 의한 재료원가와 가공원가의 완성품환산량은? (단, 재료는 공정 개시시점에서 전량 투입되고 가공원가는 공정 전체를 통해 균등하게 발생한다)

• 기초재공품수량	300개(완성도 30%)
• 당기착수량	3,500개
• 당기완성량	3,300개
• 기말재공품수량	500개(완성도 40%)

	재료원가 완성품환산량(개)	가공원가 완성품환산량(개)
①	3,500	3,300
②	3,800	3,200
③	3,800	3,500
④	3,500	3,410

1. 다음은 한국채택국제회계기준에 대한 설명이다. 옳지 않은 것은?

   ① 한국채택국제회계기준의 도입으로 재무제표의 신뢰도가 향상되었다.
   ② 기존 회계기준이 규칙 중심의 회계기준이었다면, 국제회계기준은 원칙중심의 회계기준이다.
   ③ 국제회계기준은 종속회사가 있는 경우에는 경제적 실질에 따라 지배회사와 종속회사의 재무제표를 결합하여 보고하는 연결재무제표를 기본재무제표로 제시하고 있다.
   ④ 국제회계기준은 목적적합성보다는 정보의 신뢰성을 중시하여 자산과 부채를 역사적원가로 측정하여 공시할 것을 요구하고 있다.

2. 다음과 같은 매출채권 1월 원장의 내용에 기반하여 추정한 날짜별 거래로 옳지 않은 것은?

   매출채권

1/1	전기이월	70,000	1/10	현금	100,000
1/2	매출	100,000	1/15	대손충당금	20,000

   ① 1월 2일 외상매출을 통해 매출채권 ₩100,000을 계상하였다.
   ② 1월 10일 매출채권을 회수하여 현금 ₩100,000을 수취하였다.
   ③ 1월 15일 대손충당금 ₩20,000을 계상하였다.
   ④ 1월 31일 매출채권 잔액은 ₩50,000이다.

3. 자산의 측정에 대한 설명으로 옳지 않은 것은?

   ① 역사적 원가는 자산의 취득에 발생한 원가의 가치로서, 기업이 가장 보편적으로 사용하는 측정기준이다.
   ② 취득시점에서 취득원가로 기록한 후 자산이나 부채의 기간 경과에 따라 조정하는 상각후원가는 공정가치에 해당한다.
   ③ 자산의 현행원가는 측정일 현재 동등한 자산의 원가로서 측정일에 지급할 대가와 그 날에 발생할 거래원가를 포함한다.
   ④ 사용가치는 기업이 자산의 사용과 궁극적인 처분으로 얻을 것으로 기대하는 현금흐름 또는 그 밖의 경제적효익의 현재가치이다.

4. A사는 20×1년 1월 1일에 추정내용연수 10년, 추정잔존가액 ₩10,000인 새 기계를 ₩80,000에 구입하였다. 20×6년 초에 노후화된 이 기계에 대해 내용연수와 잔존가액을 재추정한 결과, 재추정된 총 내용연수는 20×8년 12월 31일까지 8년이었다. 20×6년도의 감가상각비로 ₩10,000을 계상하였을 경우 재추정된 잔존가액은 얼마인가? (단, A사는 이 기계에 대해 구입 시부터 정액법으로 감가상각하고 있다.)

   ① ₩8,000
   ② ₩15,000
   ③ ₩18,000
   ④ ₩30,000

5. (주)한국은 20×1년 8월 1일에 화재로 인하여 창고에 보관 중이던 재고자산의 30%가 소실되었다. 20×1년 1월 1일부터 20×1년 8월 1일까지 발생한 관련 회계기록은 다음과 같다.

• 20×1년 기초재고자산	₩700,000
• 20×1년 8월 1일까지의 매입액	₩1,500,000
• 20×1년 8월 1일까지의 매출액	₩2,000,000

   (주)한국의 매출총이익률은 20%이다. 이 경우 화재로 인한 (주)한국의 재고손실액은 얼마인가?

   ① ₩160,000
   ② ₩180,000
   ③ ₩420,000
   ④ ₩600,000

6. (주)한국은 공장을 신축하기 위하여 구건물이 서 있던 토지를 구입하고 즉시 구건물을 철거하였다. 다음 자료를 고려하여 토지의 취득원가를 계산하면 얼마인가?

• 토지 구입대금	₩1,500,000
• 토지 취득세 및 등기비용	70,000
• 토지 취득관련 중개수수료	60,000
• 신축공장 건축허가비용	20,000
• 신축공장건물 설계비용	50,000
• 기존건물 철거비용	100,000
• 기존건물 철거 시 발생한 폐자재 처분 수입	30,000
• 토지의 구획정리비용	40,000
• 신축건물공사원가	800,000

① ₩1,680,000   ② ₩1,740,000
③ ₩1,770,000   ④ ₩2,540,000

7. (주)대한은 결합공정에서 초코우유와 딸기우유를 생산한다. 당기 중 결합공정의 제조원가는 ₩150,000이다. 초코우유의 추가가공원가는 ₩120,000이고, 딸기우유의 추가가공원가는 ₩140,000이다. 초코우유는 당기 중 800L가 생산되어 L당 ₩400에 판매되었다. 딸기우유는 당기 중 1,200L가 생산되어 L당 ₩200에 판매되었다. 순실현가치법에 의한 초코우유의 제조원가는 얼마인가?

① ₩100,000   ② ₩150,000
③ ₩200,000   ④ ₩220,000

8. (주)한국은 20×1년 1월 1일에 설립되었는데, 보통주의 액면가는 ₩1,000이다. 20×1년도 중 자본거래는 다음과 같다.

(1) 1월 1일 주당 ₩1,000으로 보통주 5,000주를 발행하였으며, 3월 6일에 주당 ₩1,400으로 보통주 2,000주를 추가로 발행하였다.
(2) 8월 12일 주당 ₩800에 자기주식 1,500주를 매입하였다.
(3) 9월 1일 매입한 자기주식 중 250주를 소각하여 감자절차를 완료하였으며, 10월 12일 추가로 주당 ₩1,300에 1,000주를 취득하였다.
(4) 12월 31일 주당 ₩1,600에 자기주식 2,000주를 처분하였으며, 20×1년의 당기순이익으로 ₩1,000,000을 보고하였다.

20×1년 말 기준으로 재무상태표의 자본은 얼마인가? (주)한국은 자기주식의 거래에 선입선출법을 사용한다.

① ₩8,000,000   ② ₩8,500,000
③ ₩9,500,000   ④ ₩10,000,000

9. 다음은 20×1년 12월 31일 결산 시 (주)한국이 보유하고 있는 자산항목이다.

• 지폐와 주화	₩18,000
• 보통예금	25,000
• 배당금지급통지표	20,000
• 수입인지	15,000
• 양도성예금증서(취득 20×1년 1월 1일, 만기 20×2년 2월 1일)	13,000
• 타인발행수표	10,000
• 국채(취득 20×1년 6월 1일, 만기 20×2년 1월 15일)	20,000
• 선일자수표(발행일 20×2년 1월 5일)	50,000
• 당좌차월	30,000

20×1년 말 (주)한국의 재무상태표상 표시될 현금및현금성 자산은 얼마인가?

① ₩53,000   ② ₩73,000
③ ₩106,000   ④ ₩156,000

10. 사채의 발행에 관한 설명으로 옳지 않은 것은?

① 사채발행일의 시장이자율이 액면이자율보다 낮으면 사채발행가격은 액면금액보다 높아진다.

② 사채를 할인발행한 경우 사채의 장부금액은 사채계정의 액면금액에서 사채할인발행금액을 차감한 금액이다.

③ 사채를 할인발행한 경우 사채할인발행차금 잔액이 매년 감소하므로, 사채할인발행차금 상각액도 매년 감소한다.

④ 사채의 경우 사채발행비가 발생한다면 액면발행, 할인발행, 할증발행 등 모든 상황에서 유효이자율은 사채발행비가 발생하지 않는 경우보다 높다.

11. (주)한국은 20×2년도에 재고자산평가방법을 가중평균법에서 선입선출법으로 변경하였다. 그 결과 20×2년도의 기초 재고자산과 기말재고자산이 각각 ₩35,000과 ₩42,000만큼 증가하였다. 이는 한국채택국제회계기준의 회계정책 변경의 요건을 충족한다. 만일 회계정책변경을 하지 않았다면 (주)한국의 20×2년 당기순이익은 ₩200,000이다. 회계정책변경 후 (주)한국의 20×2년 당기순이익을 계산하면 얼마인가?

① ₩193,000 ② ₩207,000
③ ₩235,000 ④ ₩242,000

12. (주)한국의 사업 첫 달의 매출액은 ₩20,000, 판매량은 200단위, 단위당 변동비는 ₩60, 총 고정비는 ₩5,000이다. 이에 대한 설명으로 옳지 않은 것은? (단, 기초재고와 기말재고는 동일하다.)

① 단위당 공헌이익은 ₩40이다.
② 공헌이익률은 60%이다.
③ 손익분기점 판매량은 125단위이다.
④ 매출이 ₩30,000이라면 이익은 ₩7,000이다.

13. (주)서울은 이자수취일이 다음 회계연도에 도래하는 대여금에 대한 이자수익을 당기에 계상하는 기말수정분개를 누락하였다. 이러한 누락이 당기 재무제표에 미치는 영향으로 적절한 설명은?

① 당기에 현금으로 수취해야 할 이자수익이 수익으로 계상되지 않았으므로 기말현금이 과소계상된다.

② 당기에 이자수익이 과소 계상되며 이로 인해 당기 재무상태표상 순자산이 과대계상된다.

③ 당기 포괄손익계산서상 당기순이익과 당기 재무상태표상 자본 및 자산은 과소계상된다.

④ 당기 재무상태표상 자산, 부채, 자본에 영향을 주지 않으며 다음 회계연도의 재무상태표상 자산이 과대계상된다.

14. 『국가회계기준에 관한 규칙』상 자산에 대한 설명으로 옳지 않은 것은?

① 현재 세대와 미래 세대를 위하여 정부가 영구히 보존하여야 할 자산으로서 역사적, 자연적, 문화적, 교육적 및 예술적으로 중요한 가치를 갖는 자산은 자산으로 인식하지 아니하고 그 종류와 현황 등을 주석으로 공시한다.

② 국가안보와 관련된 자산, 부채는 기획재정부장관과 협의하여 자산으로 인식하지 아니할 수 있다. 이 경우 해당 중앙관서의 장은 해당 자산의 종류, 취득시기 및 관리현황 등을 별도의 장부에 기록하여야 한다.

③ 사회기반시설 중 관리·유지 노력에 따라 취득 당시의 용역 잠재력을 그대로 유지할 수 있는 시설은 감가상각하지 않는 대신, 관리·유지 비용으로 감가상각비용을 대체할 수 있다.

④ 일반유형자산 및 사회기반시설에 대한 사용수익권은 부채로 표시한다.

15. 「지방자치단체 회계기준에 관한 규칙」에서 규정하고 있는 재무제표 작성원칙이 아닌 것은?

① 개별 회계실체의 재무제표를 작성할 때에는 지방자치단체 안의 다른 개별 회계실체와의 내부거래를 상계하여 작성한다.

② 유형별 회계실체의 재무제표를 작성할 때에는 해당 유형에 속한 개별 회계실체의 재무제표를 합산하여 작성한다. 이 경우 유형별 회계실체 안에서의 내부거래는 상계하고 작성한다.

③ 지방자치단체의 재무제표는 일반회계 · 기타특별회계 · 기금회계 및 지방공기업특별회계의 유형별 재무제표를 통합하여 작성한다. 이 경우 내부거래는 상계하여 작성한다.

④ 재무제표는 당해 회계연도분과 직전 회계연도분을 비교하는 형식으로 작성되어야 한다.

16. 다음은 현금흐름표를 작성할 때 고려해야 하는 항목들 중의 일부이다. 현금흐름표상에 보고될 활동의 분류에 있어서 나머지 항목들과 성격이 다른 것은 어느 것인가?

① 종업원들에게 전기에 미지급된 급여 30억원을 당기에 현금으로 지급

② 거래처에 매입채무 10억원을 현금으로 지급

③ 주주들에게 자기주식 매입대금 100억원을 지급

④ 매출채권 20억원을 거래처로부터 현금으로 회수

17. 제조기업인 (주)한국의 20×1년 원가자료는 다음과 같다.

• 직접재료원가	₩500
• 본사관리부직원 급여	₩400
• 본사건물 감가상각비	₩150
• 공장건물 화재보험료	₩150
• 영업부직원 판매수수료	₩200
• 본사건물 재산세	₩50
• 직접노무원가	₩300
• 간접노무원가	₩200
• 본사건물 화재보험료	₩100
• 공장건물 감가상각비	₩250
• 공장기계 리스료	₩50
• 공장토지 재산세	₩100

(주)한국의 20×1년 제조간접원가 총액은 얼마인가?

① ₩750 ② ₩800

③ ₩850 ④ ₩900

18. (주)한국은 2011년 4월 1일에 기계장치(내용년수 5년, 잔존가치 없음)를 ₩8,000에 구입하면서 상환의무가 없는 정부보조금 ₩2,000을 수령하였다. 감가상각은 정액법을 적용하며 정부보조금에 대해서는 자산차감법으로 회계처리한다. 2014년 3월 31일에 동 기계장치를 ₩3,200을 받고 처분하였을 경우의 유형자산처분손익을 계산하면 얼마인가?

① ₩800 유형자산처분이익

② ₩800 유형자산처분손실

③ ₩1,200 유형자산처분이익

④ ₩1,200 유형자산처분손실

19. (주)한국은 재고자산의 가격결정 방법으로 선입선출을 가정한 소매재고법(매출가격환원법)을 사용하고 있다. 다음 자료를 이용할 때, (주)한국의 20×1년 매출원가는?

• 기초재고	₩100
• 당기매입 원가	600
• 판매가 순인상액	200
• 순매출액	900
• 기초재고 판매가	₩400
• 당기매입 판매가	900
• 판매가 순인하액	100

① ₩300 ② ₩400

③ ₩450 ④ ₩500

20. A사는 제조간접비를 직접노무시간 기준으로 배부하고 있다. 20×1년도 추정 제조간접비 총액은 ₩500,000, 추정직접노무시간 200,000시간이다. 20×1년도 제조간접비 실제발생액은 ₩540,000이고 실제사용 직접노무시간은 220,000시간이다. 20×1년도 제조간접비 과소(대)배부 금액은?

① ₩20,000(과대배부) ② ₩20,000(과소배부)

③ ₩10,000(과대배부) ④ ₩10,000(과소배부)

1. 다음 내용 중 회계상의 거래로 파악할 수 없는 것은?

① 회사 사무실 임대계약을 하고 보증금 ₩10,000,000 을 송금하였다.

② 물류창고에서 화재가 발생하여 ₩2,000,000의 재산 피해를 입었다.

③ 계약직 직원을 월급 ₩1,000,000의 조건으로 매월 말 급여를 지급하기로 하고 채용하였다.

④ 원재료 ₩5,000,000를 구입하여 인도받았으나 아직 대금을 지급하지 않았다.

2. (주)한국은 20×1년 1월 1일 기계장치를 ₩100,000 에 취득하였다. 동 기계장치의 내용연수는 5년이 며, 잔존가치는 ₩0이다. (주)한국은 기계장치에 대 해 원가모형을 적용하고, 정액법으로 감가상각하 고 있다. 20×2년 말에 기계장치에 대하여 손상징후 가 있어 회수가능액을 추정하였는데 순공정가치는 ₩43,000, 사용가치는 ₩45,000이었다. 장부금액과 회수가능액의 차이는 중요하며 자산의 손상사유에 해당한다. 20×2년에 (주)한국이 인식할 손상차손은 얼마인가?

① ₩0 ② ₩15,000

③ ₩17,000 ④ ₩35,000

3. 다음 자료에 의하여 (주)한국의 매출액을 계산하면 얼마인가?

• 기초재공품	₩100,000
• 기말재공품	₩500,000
• 기초제품	₩300,000
• 기말제품	₩200,000
• 당기총제조원가	₩2,400,000
• 매출총이익	₩800,000

① ₩2,900,000 ② ₩3,000,000

③ ₩3,200,000 ④ ₩3,400,000

4. 충주회사는 단일의 제품을 생산·판매하고 있으며, 제품 생산 및 판매 관련 자료는 다음과 같다.

• 공장 건물과 기계의 연간 임차료 :	₩1,000
• 법인세율 :	40%
• 단위당 판매가격 및 원가 자료	
- 판매가격 :	₩10
- 변동제조원가 :	₩5
- 변동판매수수료 :	₩1

위에 주어진 자료 이외의 원가는 발생하지 않는다고 가 정할 때, 충주회사가 ₩1,200의 세후순이익을 얻기 위한 연간 생산·판매량은 얼마인가?

① 450개 ② 550개

③ 600개 ④ 750개

5. (주)대한은 20×1년 1월 1일에 임대목적 건물을 ₩1,000,000에 취득하여 투자부동산으로 회계처리 하였다. 동 건물의 내용연수는 20년이며, 잔존가치 는 없는 것으로 추정하였다. (주)대한은 모든 건물 에 대해서 정액법을 적용하여 감가상각하고있다. 임 대목적 건물의 20×1년 12월 31일 현재 공정가치는 ₩900,000이다. (주)대한이 임대목적 건물에 대해 서 공정가치 모형을 적용할 경우 20×1년도에 인식해 야 할 감가상각비와 평가손익은 각각 얼마인가?

	감가상각비	평가손익
①	₩0	평가손실 ₩100,000
②	₩0	평가손실 ₩50,000
③	₩50,000	평가손실 ₩100,000
④	₩50,000	평가손실 ₩50,000

6. (주)한국은 20×1년 1월 1일에 내용연수 5년의 기계장치를 취득하였다. (주)한국은 동 기계장치의 잔존가치를 ₩20,000으로 추정하고, 원가모형을 적용하여 연수합계법으로 감가상각하고 있다. 동 기계장치와 관련하여 (주)한국이 20×1년도에 인식한 감가상각비는 ₩150,000이다. 취득 이후 기계장치에 대한 자산손상은 없었다면, 20×3년 12월 31일 기계장치의 장부금액은 얼마인가?

① ₩90,000   ② ₩110,000
③ ₩150,000   ④ ₩170,000

7. 20×1년 1월 1일 (주)한국은 원가가 ₩100,000인 상품을 총수취액 ₩500,000에 할부매출하였다. 인도금으로 ₩200,000을 즉시 수령하고, 잔금 ₩300,000은 20×1년부터 20×3년까지 매년 12월 31일에 ₩100,000씩 3번에 걸쳐서 수령하기로 하였다. 장기할부판매대금의 명목가액과 현재가치의 차이는 중요하고 유효이자율은 연 10%이다. (주)한국이 20×1년에 이 거래와 관련하여 인식하는 매출총이익은 얼마인가? 단, 계산금액은 소수점 첫째 자리에서 반올림하며, 단수차이로 인한 오차가 있으면 가장 근사치를 선택한다.

10% 정상연금 ₩1의 현재가치		
1기간	2기간	3기간
0.91	1.74	2.49

① ₩149,000   ② ₩249,000
③ ₩349,000   ④ ₩449,000

8. (주)서울의 20×1년 초 재고자산이 ₩12,000, 20×1년 말 유동자산이 ₩16,000, 유동비율이 400%, 당좌비율이 200%, 재고자산회전율(매출원가기준)이 8회, 그리고 매출원가 대비 매출총이익률이 25%이며, 유동자산은 당좌자산과 재고자산만으로 구성되어 있다. (주)서울의 20×1년도 매출액은 얼마인가?

① ₩100,000   ② ₩180,000
③ ₩200,000   ④ ₩220,000

9. 재무제표와 관련된 다음의 설명 중 옳은 것은?

① 재무제표의 작성과 표시에 대한 책임은 회사의 대표이사와 회계담당 임원(회계담당 임원이 없는 경우에는 회계업무를 집행하는 직원)에게 있다.
② 경영자는 회계정보를 생산하여 외부 이해관계자들에게 공급하는 주체로서 회계정보의 공급자이므로 수요자는 아니다.
③ 『주식회사 등의 외부감사에 관한 법률』의 적용을 받는 모든 기업이 한국채택국제회계기준을 회계기준으로 삼아 재무제표를 작성하여야 한다.
④ 기업의 재무제표는 반드시 공인회계사에게 외부감사를 받아야 한다.

10. 다음은 20×1년 중 (주)한국의 주식변동에 관한 자료이다. 20×1년 (주)한국의 당기순이익이 ₩900,000인 경우 기본주당순이익은 얼마인가? 단, 제시된 자료 이외의 주식 변동은 없으며, 가중평균유통보통주식수는 월할계산한다.

- 1월 1일   유통보통주식수는 3,000주이다.
- 3월 1일   보통주 1,000주를 시장가격으로 발행하였다.
- 6월 1일   20%의 주식배당을 하였다.
- 12월 1일   자기주식 1,200주를 취득하였다.

① ₩150   ② ₩200
③ ₩250   ④ ₩300

11. (주)서울의 20×1년 회계자료이다. 이에 의해 20×1년 말의 매출채권을 계산하면 얼마인가?

• 20×1년 초 매출채권	₩800,000
• 20×1년 중 매출채권 회수액	2,600,000
• 20×1년 중 현금매출액	500,000
• 20×1년 초 기초상품재고액	1,200,000
• 20×1년 말 기말상품재고액	1,100,000
• 20×1년 중 상품매입액	2,000,000
• 20×1년 중 매출총이익	900,000

① ₩500,000   ② ₩700,000

③ ₩1,200,000   ④ ₩1,300,000

12. (주)한국은 다음의 자료를 이용하여 평균법으로 완성품 환산량을 계산하였다. 이를 선입선출법으로 계산하였을 경우 두 방법간 직접재료비와 가공비에서의 완성품 환산량 차이는 각각 몇 단위인가?

• 초재공품 수량	1,200개
	(가공비 완성도 50%)
• 완성품수량	4,000개
• 기말재공품수량	1,000개
	(가공비 완성도 40%)
• 재료는 공정초에 전량 투입되고, 가공비는 공정 전반에 걸쳐 발생	

	직접재료비 환산량	가공비 환산량
①	1,000개	400개
②	1,000개	600개
③	1,200개	400개
④	1,200개	600개

13. 균형성과표(Balanced Scorecard: BSC)에 관한 다음의 설명 중 가장 타당하지 않은 것은?

① 균형성과표는 재무적인 성과지표를 중심으로 하는 전통적인 성과측정제도의 문제점을 보완할 수 있는 성과측정시스템으로 인식되고 있다.

② 균형성과표는 일반적으로 재무관점, 고객관점, 내부 프로세스관점, 학습과 성장관점의 다양한 성과지표에 의하여 조직의 성과를 측정하고자 한다.

③ 균형성과표의 균형(balance)이란 용어는 단기와 장기, 내부와 외부, 재무와 비재무적 관점 그리고 선행 및 후행지표를 동시에 활용할 것을 강조하는 개념이다.

④ 균형성과표는 조직의 수익성을 최종적인 목표로 설정하기 때문에 4가지 관점의 성과지표 중에서 재무관점의 성과지표를 가장 중시한다.

14. 다음 중 충당부채의 내용으로 옳지 않은 것은?

① 충당부채로 인식되기 위해서는 과거사건으로 인한 의무가 기업의 미래행위와 독립적이어야 한다.

② 미래의 예상 영업손실은 충당부채로 인식하지 아니한다.

③ 예상되는 자산처분이 충당부채를 발생시킨 사건과 밀접하게 관련되었다면 당해 자산의 예상처분이익은 충당부채에서 차감한다.

④ 충당부채와 관련하여 포괄손익계산서에 인식된 비용은 제3자의 변제와 관련하여 인식한 금액과 상계하여 표시할 수 있다.

15. 다음은 2021년 1월 1일에 설립된 (주)한국에 대한 자료이다. 2022년도 회계감사를 진행하면서 (주)한국은 감사인으로부터 다음과 같은 사항을 보고받았다.

	2021년 말	2022년도 말
재고자산	₩10,000 과대	₩20,000 과소
선급비용	₩5,000 과소	₩8,000 과대
선수수익	₩9,000 과대	₩11,000 과소

이러한 오류가 2021년과 2022년의 당기순이익에 미친 영향은 얼마인가?

	2021년	2022년
①	₩6,000 과대계상	₩13,000 과대계상
②	₩1,000 과대계상	₩8,000 과대계상
③	₩4,000 과소계상	₩8,000 과대계상
④	₩4,000 과소계상	₩3,000 과대계상

16. (주)한국은 2022년 4월 1일에 (주)대한의 의결권 있는 주식 25%를 ₩1,000,000에 취득하였다. 취득 당시 (주)대한의 자산과 부채의 공정가치는 각각 ₩15,000,000, ₩12,000,000이다. (주)대한은 2022년 9월 1일에 ₩200,000의 현금배당을 지급하였으며, 2022년 당기순이익으로 ₩600,000을 보고하였다. (주)한국의 2022년도 지분법이익과 2022년 말 지분법적용투자주식은?

	지분법이익	지분법적용투자주식
①	₩100,000	₩1,000,000
②	₩100,000	₩1,100,000
③	₩150,000	₩1,100,000
④	₩150,000	₩1,200,000

17. 『국가회계기준에 관한 규칙』의 수익 인식에 관한 설명으로 옳지 않은 것은?

① 정부가 부과하는 방식의 국세는 국가가 고지하는 때에 수익으로 인식한다.

② 연부연납(年賦延納) 또는 분납이 가능한 국세는 징수할 세금이 확정된 때에 그 납부할 세액 전체를 수익으로 인식한다.

③ 원천징수하는 국세는 원천징수의무자가 원천징수한 금액을 신고·납부하는 때에 수익으로 인식한다.

④ 비교환수익은 수익창출활동이 끝나고 그 금액을 합리적으로 측정할 수 있을 때에 수익으로 인식한다.

18. 『지방자치단체 회계기준에 관한 규칙』상 자산의 평가에 대한 설명으로 옳지 않은 것은?

① 자산은 미래에 공공서비스를 제공할 수 있거나 직접적 또는 간접적으로 경제적 효익을 창출하거나 창출에 기여할 가능성이 매우 높고 그 가액을 신뢰성 있게 측정할 수 있을 때에 인식한다.

② 재고자산은 구입가액에 선입선출법을 적용하여 산정한 가액을 취득원가로 한다.

③ 미수세금은 합리적이고 객관적인 기준에 따라 평가하여 대손충당금을 설정하고 이를 미수세금 금액에서 차감하는 형식으로 표시하며, 대손충당금의 내역은 주석(註釋)으로 공시한다.

④ 장기투자증권은 매입가격에 부대비용을 더하고 이에 종목별로 총평균법을 적용하여 산정한 취득원가로 평가함을 원칙으로 한다.

19. (주)한국의 20×1년 1월 1일 현재 대손충당금 잔액은 ₩50,000이다. 그리고 20×1년 중 대손확정된 금액은 ₩26,000이며, 대손된 채권 중 회수된 금액은 ₩4,000이다. (주)한국은 대손추산액을 산정하는 방법으로 연령분석법을 사용하고 있다. 20×1년말 현재 매출채권의 연령별 회수예상률은 아래와 같다. (주)한국이 20×1년도 포괄손익계산서에 인식할 대손상각비는 얼마인가?

연령	금액	회수예상률
30일 이내	₩300,000	95%
31일 ~ 90일	160,000	90%
91일 ~ 180일	100,000	80%
181일 ~ 365일	90,000	50%
365일 초과	14,000	0%

① ₩82,000 ② ₩68,000
③ ₩56,000 ④ ₩86,000

20. (주)대한은 20×1년 1월 1일 종업원 100명에게 각각 10개의 주식선택권을 부여하였다. 동 주식선택권은 종업원이 앞으로 3년 동안 회사에 근무해야 가득된다. 20×1년 1월 1일 현재 (주)대한이 부여한 주식선택권의 단위당 공정가치는 ₩360이다. 주식선택권 부여일 이후 주가가 지속적으로 하락하여 (주)대한의 20×2년 12월 31일 주식선택권의 공정가치는 단위당 ₩270이 되었다. 동 주식기준보상과 관련하여 (주)대한이 인식할 20×2년 포괄손익계산서상 주식보상비용은 얼마인가? (단, 주식선택권을 부여받은 종업원 중 퇴사할 종업원은 없다고 가정한다)

① ₩40,000 ② ₩60,000
③ ₩120,000 ④ ₩240,000

1. 제조업을 영위하는 (주)대한의 20×1년 회계자료가 다음과 같을 때, 손익계산서에 보고할 영업이익을 계산하라.

• 매출총이익	₩100,000
• 대손상각비	₩10,000
• 종업원급여	₩20,000
• 감가상각비	₩5,000
• 임차료	₩50,000
• 이자비용	₩2,000
• 유형자산처분이익	₩15,000
• 자기주식처분손실	₩10,000
• 기타포괄손익공정가치측정 금융자산평가이익	₩3,000

① ₩10,000 ② ₩13,000
③ ₩15,000 ④ ₩18,000

2. 다음은 (주)한국의 제11기 자료이다. 주어진 자료만을 이용하여 자기자본순이익률(ROE = 당기순이익/자기자본)을 계산하면 얼마인가?

• 자산총액 = 2,000억원(기초와 기말의 금액이 동일함)
• 매출액순이익률 = 10%
• 총자산회전율 = 0.5
• 기말시점의 부채비율(=부채/자본) = 300%

① 5% ② 10%
③ 15% ④ 20%

3. 20×1년 설립된 (주)한국은 20×1년 초 ₩2,000,000의 구축물을 취득하였다. 동 구축물의 내용연수는 5년이며, 사용 종료 후 원상회복을 해야 할 의무가 있다. 5년 후 원상회복을 위한 지출액은 ₩100,000으로 추정되며, 현재가치계산에 사용될 할인율은 연 5%이다. 동 구축물의 취득원가는? 단, 계산금액은 소수점 첫째자리에서 반올림한다.

할인율	5기간 단일금액 ₩1의 현재가치	5기간 정상연금 ₩1의 현재가치
5%	0.78	4.33

① ₩78,000 ② ₩433,000
③ ₩2,078,000 ④ ₩2,433,000

4. 재무상태표에 대한 설명으로 옳지 않은 것은?

① 유동성 순서에 따른 표시방법이 신뢰성 있고 더욱 목적적합한 정보를 제공하는 경우를 제외하고는 유동자산과 비유동자산, 유동부채와 비유동부채로 재무상태표에 구분하여 표시한다.
② 자산과 부채를 각각 유동과 비유동으로 구분하는 경우 유동성이 큰 항목부터 배열한다.
③ 기업의 정상영업주기 내에 실현될 것으로 예상하거나 정상영업주기 내에 판매하거나 소비할 의도가 있는 자산은 보고기간 후 12개월 후에 실현될 것으로 예상하더라도 유동자산으로 분류한다.
④ 기업이 재무상태표에 유동자산과 비유동자산, 그리고 유동부채와 비유동부채로 구분하여 표시하는 경우, 이연법인세자산(부채)은 유동자산(부채)으로 분류하지 아니한다.

5. 다음은 20×1년 1월 1일부터 12월 31일까지 A사의 재고자산과 관련된 자료를 요약한 것이다. 아래의 자료를 이용하여 A사의 매출원가를 계산하면 얼마인가?

항목	원가	비고
기초재고자산	₩100,000	
당기 매입액	500,000	
기말재고자산 실사액	50,000	창고보유분
미착매입상품	30,000	도착지인도조건으로 현재 운송 중
적송품	100,000	60% 판매 완료
시송품	30,000	고객이 매입의사 표시를 한 금액 : ₩10,000
할부판매상품	35,000	고객으로부터 회수한 금액: ₩20,000

① ₩420,000   ② ₩460,000

③ ₩475,000   ④ ₩490,000

6. 다음 자본거래가 있을 경우 재무상태표의 각 요소의 변동내용을 설명한 것이다. 옳은 것은?

항목	발행주식 수	액면금액	자본총계
① 무상증자	불변	불변	불변
② 주식배당	증가	불변	불변
③ 주식분할	증가	감소	증가
④ 유상증자	증가	증가	증가

7. (주)한국은 보유하던 기계장치(장부금액 ₩2,000, 공정가치 ₩2,600)를 (주)서울의 차량운반구(장부금액 ₩1,900, 공정가치 ₩2,500)와 교환하였다. 교환과정에서 (주)한국은 (주)서울로부터 ₩50의 현금을 수령하였다. 해당 교환거래는 상업적 실질이 존재한다고 할 때, (주)한국이 교환으로 인식해야 할 유형자산처분손익과 (주)한국이 취득한 차량운반구의 취득원가는 얼마인가?

	유형자산처분손익	취득원가
①	₩600 이익	₩2,600
②	₩600 이익	₩2,550
③	₩500 이익	₩2,550
④	₩500 이익	₩2,500

8. 다음 중 현행가치에 대한 설명으로 옳지 않은 것은?

① 현행가치 측정기준은 공정가치, 자산의 사용가치 및 부채의 이행가치, 역사적원가를 포함한다.

② 공정가치는 기업이 접근할 수 있는 시장의 참여자 관점을 반영한다.

③ 자산의 현행원가는 측정일 현재 동등한 자산의 원가로서 측정일에 지급할 대가와 그 날에 발생할 거래원가를 포함한다.

④ 현행원가는 역사적 원가와 달리 측정일의 조건을 반영한다.

9. 다음은 (주)한국의 [사채 관련 자료]이다. (가), (나)의 금액으로 옳은 것은?

[사채 관련 자료]
- 사채 발행 관련 자료
- 발 행 일: 2014년 1월 1일
  - 액 면 금 액: ₩1,000,000
  - 만기일: 2016년 12월 31일 (전액 만기 상환)
  - 액면이자율: 연 8%
  - 이자 지급일: 매년 12월 31일 (연 1회 현금 지급)
  - 사채발행비: 없음
- 사채할인발행차금 상각표 일부

날짜	유효이자	액면이자	사채할인발행차금상각액	장부금액
2014년 1월 1일	-	-	-	₩950,263
2014년 12월 31일	×××	(가)	×××	₩965,289
2015년 12월 31일	₩96,529	×××	×××	(나)

	(가)	(나)
①	₩80,000	₩980,315
②	₩80,000	₩981,818
③	₩95,026	₩980,315
④	₩95,026	₩981,818

10. A기금의 「국가회계기준에 관한 규칙」에 따른 재정운영표의 재정운영결과는?

- 프로그램총원가 ₩350,000
- 프로그램수익 ₩200,000
- 관리운영비 ₩100,000
- 비배분비용 ₩50,000
- 비배분수익 ₩20,000
- 비교환수익 ₩10,000

① ₩150,000 ② ₩270,000
③ ₩280,000 ④ ₩500,000

11. 12월말 결산법인인 고려회사는 2010년 2월 1일에 1년분 화재보험료로 ₩72,000을 지급하고 선급비용으로 회계처리하였다. 이 보험의 보험혜택기간은 2010년 3월 1일부터 2011년 2월 28일까지이다. 회계기간은 1년이고, 보험료 계상은 월할기준으로 한다. 만약 고려회사가 2010년도 기말에 보험료에 대한 수정분개를 하지 않는다면 어떤 결과가 나타나겠는가?

① 당기순이익 ₩60,000 과대계상, 자산 ₩60,000 과대계상
② 당기순이익 ₩60,000 과소계상, 자산 ₩60,000 과소계상
③ 당기순이익 ₩12,000 과대계상, 자산 ₩12,000 과대계상
④ 당기순이익 ₩12,000 과소계상, 자산 ₩12,000 과소계상

12. 은행에서 보내온 은행예금잔액증명서상 (주)한국의 20×1년 12월 31일 당좌예금 잔액은 ₩32,000으로, (주)한국의 당좌예금 원장상 잔액과 차이가 있었다. (주)한국과 은행의 당좌예금 잔액에 대한 차이의 원인이 다음과 같을 때, (주)한국의 장부상 당좌예금 잔액은 얼마인가?

- 거래처에 ₩15,000의 당좌수표를 발행하였으나, 당 수표가 은행에서 인출되지 않았다.
- 은행 예금이자 ₩5,000이 입금되었으나, (주)한국의 회계담당자는 이를 통보받지 못하였다.
- 거래처로부터 받은 수표 ₩15,000이 부도처리되었으나, (주)한국의 회계담당자는 이를 알지 못하였다.
- 당좌예금 수수료 ₩3,000을 은행이 인출하였으나, (주)한국의 회계담당자는 이를 통보받지 못하였다.

① ₩17,000 ② ₩25,000
③ ₩27,000 ④ ₩30,000

13. 『지방자치단체 회계기준에 관한 규칙』에 따른 재무제표에 대한 설명으로 옳지 않은 것은?

① 재무제표는 지방자치단체의 재정상황을 표시하는 중요한 요소로서 재정상태, 재정운영표, 순자산변동표로 구성하되, 재무제표에 대한 주석도 포함된다.

② 재정상태표의 자산과 부채는 유동성이 높은 항목부터 배열하는 것을 원칙으로 한다.

③ 자산과 부채는 총액에 따라 적는 것을 원칙으로 하고, 자산의 항목과 부채 또는 순자산의 항목을 상계함으로써 그 전부 또는 일부를 재정상태표에서 제외하여서는 아니된다.

④ 가지급금이나 가수금 등의 미결산항목은 그 내용을 나타내는 적절한 과목으로 표시하고, 비망계정은 재정상태표의 자산 또는 부채항목으로 표시하지 않는다.

14. (주)서울의 20×3년도 재무제표에는 <보기>와 같은 오류가 포함되어 있다. 오류수정 전 (주)서울의 20×3년 당기순이익이 ₩40,000일 때, 오류수정의 영향을 모두 반영한 (주)서울의 20×3년 당기순이익은? (단, 오류는 모두 중대하며, 법인세는 없다.)

――― | 보기 | ―――

(가) 20×2년 말 재고자산 과대계상 ₩30,000, 20×3년 말 재고자산 과대계상 ₩20,000

(나) 20×1년 초에 비용으로 인식했어야 할 수선비 ₩8,000을 기계장치의 장부금액에 가산(20×1년 초 현재 기계장치의 잔존 내용연수는 4년, 잔존가치 없이 정액법 상각)

① ₩38,000   ② ₩42,000
③ ₩50,000   ④ ₩52,000

15. (주)한국은 20×1년 중 증권시장에서 주식A와 주식B를 취득한 후, 20×3년 중 모두 처분하였다. 주식 거래가액 및 보유 기간 중 공정가치가 다음과 같을 때, 두 주식을 모두 당기손익공정가치측정(FVPL)금융자산으로 분류한 경우와 기타포괄손익공정가치측정(FVOCI)금융자산으로 분류한 경우, 각 분류방법에 따른 (주)한국의 20×3년 당기손익의 차이는 얼마인가?

구분	20×1년 중 취득원가	20×1년 말 공정가치	20×2년 말 공정가치	20×3년 중 처분가액 (공정가치)
주식A	₩100	₩80	₩120	₩130
주식B	₩200	₩300	₩250	₩180

① ₩40   ② ₩50
③ ₩60   ④ ₩70

16. 다음 자료를 이용하여 가공원가를 계산하면 얼마인가?

직접 재료원가	₩110	간접 노무원가	₩40	광고 선전비	₩30
직접 노무원가	120	공장 광열비	60	판매직 급여	70
간접 재료원가	200	공장 보험료	50	이자 비용	10

① ₩350   ② ₩400
③ ₩450   ④ ₩470

17. 현금흐름표에 대한 설명으로 옳지 않은 것은?

① 이자지급, 이자수입 및 배당금 수입은 영업활동으로 인한 현금흐름으로 분류할 수 있다.

② 자기주식의 처분과 취득에서 발생하는 현금의 유입이나 유출은 투자활동으로 인한 현금흐름으로 분류한다.

③ 단기매매목적으로 보유하는 계약에서 발생하는 현금의 유입이나 유출은 영업활동으로 인한 현금흐름으로 분류한다.

④ 법인세로 인한 현금흐름은 별도로 공시하며, 재무활동과 투자활동에 명백히 관련되지 않는 한 영업활동 현금흐름으로 분류한다.

18. 변동원가계산과 전부원가계산에 대한 다음 설명 중 옳은 것은?

① 변동원가계산은 전부원가계산의 경우보다 이익조작 가능성이 높다.

② 고정제조간접원가가 발생하는 기업에서 전부원가계산은 변동원가계산의 경우보다 이익을 높게 산정한다.

③ 변동원가계산은 외부 재무보고 목적으로 주로 이용된다.

④ 변동원가계산에서는 고정제조간접원가를 기간비용으로 인식하지만, 전부원가계산에서는 고정제조간접원가를 제품원가로 인식한다.

19. (주)한국은 당기에 손톱깎이 세트 1,000단위를 생산·판매하는 계획을 수립하였으며, 연간 최대 조업능력은 1,200단위이다. 손톱깎이 세트의 단위당 판매가격은 ₩1,000, 단위당 변동원가는 ₩400이며, 총 고정원가는 ₩110,000이다. 한편, (주)한국은 당기에 해외 바이어로부터 300단위를 단위당 ₩600에 구매하겠다는 특별주문을 받았다. 이 주문을 수락하기 위해서는 단위당 ₩50의 운송원가와 ₩20,000의 고정판매비와 관리비가 추가로 발생한다. 특별주문을 받아들이더라도 추가적인 설비 증설은 없다고 할 때, 특별주문의 수락이 (주)한국의 당기이익에 미치는 영향은?

① ₩35,000 감소　　　② ₩5,000 감소

③ ₩5,000 증가　　　④ ₩25,000 증가

20. (주)한국은 제품 한 단위 생산에 원재료 2kg이 소요되며 kg당 표준구입단가는 ₩10이다. 회사는 다음 분기 예상판매량의 20%를 기말 제품 재고로 보유하며, 다음 분기 원재료 예상사용량의 10%를 기말 원재료 재고로 보유한다. 분기별 예산판매량이 다음과 같을 때, (주)한국의 1/4분기의 원재료 예산구입액은?

1/4분기	2/4분기	3/4분기	4/4분기
2,000개	3,000개	2,500개	3,500개

① ₩45,400　　　　② ₩51,500

③ ₩57,600　　　　④ ₩63,700

1. (주)한국의 20×1년 말 수정후시산표상 자산, 부채, 수익, 비용, 자본금 금액이 다음과 같을 때, 20×1년 말 재무상태표에 표시될 자본은?

• 매출	₩120,000
• 매출원가	₩100,000
• 급여	₩50,000
• 선급비용	₩70,000
• 미지급비용	₩80,000
• 자본금	?
• 현금	₩130,000
• 재고자산	₩200,000
• 매입채무	₩170,000
• 미지급금	₩50,000
• 미수수익	₩50,000
• 이익잉여금	₩140,000

① ₩150,000　　② ₩160,000
③ ₩170,000　　④ ₩180,000

2. 유용한 재무정보의 질적 특성 중 표현충실성에 대한 설명으로 옳지 않은 것은?

① 완전한 서술은 필요한 기술과 설명을 포함하여 이용자가 서술되는 현상을 이해하는 데 필요한 모든 정보를 포함하는 것이다.
② 중립적 서술은 재무정보의 선택이나 표시에 편의가 없는 것이다. 따라서 중립적 정보는 목적이 없거나 행동에 대한 영향력이 없는 정보를 의미한다.
③ 표현충실성은 모든 면에서 정확한 것을 의미하지는 않는다. 오류가 없다는 것은 현상의 기술에 오류나 누락이 없고, 보고 정보를 생산하는 데 사용되는 절차의 선택과 적용 시 절차 상 오류가 없음을 의미한다.
④ 충실한 표현 그 자체가 반드시 유용한 정보를 만들어 내는 것은 아니다.

3. 다음 중 계속기업의 가정에 대한 설명으로 옳지 않은 것은?

① 재무제표는 일반적으로 기업이 계속기업이며 예상가능한 기간동안 영업을 계속할 것이라는 가정하에 작성된다.
② 계속기업의 가정에 따라 유형자산의 감가상각 및 자산과 부채에 대한 유동 및 비유동 구분이 정당화된다.
③ 계속기업으로서의 존속능력에 유의적인 의문이 제기될 수 있는 사건이나 상황과 관련된 중요한 불확실성을 알게 된 경우, 경영진은 그러한 불확실성을 공시하여야 한다.
④ 재무제표가 계속기업의 기준하에 작성되지 않는 경우에는 그 사실과 함께 재무제표가 작성된 기준을 공시해야 하며, 그 기업을 계속기업으로 보지 않는 이유는 별도로 공시할 필요가 없다.

4. 다음은 (주)대한의 20×1년도 매출 및 매입 관련 자료이다.

총 매출액	₩1,500,000
매출에누리	₩200,000
매출환입	₩50,000
총 매입액	₩900,000
매입운임	₩50,000
매입할인	₩20,000
기말상품 재고원가	₩800,000

(주)대한의 매출원가 대비 이익률이 25%일 때, 20×1년 기초상품 재고원가는 얼마인가?

① ₩820,000　　② ₩850,000
③ ₩870,000　　④ ₩920,000

5. (주)한국은 보유하고 있는 토지에 대하여 20×1년부터 매년 말 재평가모형을 적용하여 평가하고 있다. 다음은 (주)한국이 보유하고 있는 토지의 장부가액과 공정가치에 대한 자료이다. 20×3년 말 현재 (주)한국의 토지와 관련된 기타포괄손익누계액은?

연도	장부가액	공정가치
20×1	₩28,000	₩30,000
20×2	₩30,000	₩27,000
20×3	₩27,000	₩35,000

① ₩1,000 ② ₩2,000
③ ₩5,000 ④ ₩7,000

6. 자본의 구성요소인 기타포괄손익누계액을 구성하는 항목이 아닌 것은?
① 현금흐름위험회피 파생상품평가손익
② 기타포괄손익-공정가치 측정 금융자산 평가손익
③ 중단영업손익
④ 해외사업환산손익

7. 무형자산에 대한 설명으로 옳은 것은?
① 무형자산을 최초로 인식할 때에는 원가로 측정하며, 사업결합으로 취득하는 무형자산의 취득원가는 취득일의 공정가치로 인식한다.
② 내용연수가 비한정인 무형자산은 손상검사를 수행하지 않는다.
③ 프로젝트의 연구단계에서 발생한 지출은 발생한 기간의 비용으로 인식하고, 개발단계에서 발생한 지출은 무형자산으로 인식한다.
④ 손상차손을 인식한 영업권은 회수가능액을 매년 검토하여, 만일 회수가능액이 회복되었다고 판단되면 기존에 인식한 손상차손을 환입한다.

8. 제조업을 영위하는 (주)한국은 20×1년도 결산을 진행하면서 다음의 오류를 발견하였다. 다음의 오류를 반영하기 전의 20×1년 당기순이익은 ₩150,000이며, 20×1년말 이익잉여금 잔액은 ₩200,000이었다.

> • 20×1년 초 재고자산을 ₩5,000 과대계상 하였다.
> • 7월 1일 임대목적으로 ₩200,000의 건물을 취득하였다. 내용연수는 20년이고 잔존가치는 없으며, 정액법으로 상각한다. (주)한국은 투자부동산에 대해서 공정가치모형을 적용하지만, 회계담당자의 실수로 원가모형으로 회계처리를 하였다. 결산일인 20×1년 말 건물의 공정가치는 ₩250,000이다. (정액법 상각)

위 오류를 반영한 후 (주)한국의 20×1년 당기순이익과 20×1년 말 이익잉여금은?

	당기순이익	이익잉여금
①	₩210,000	₩250,000
②	₩210,000	₩255,000
③	₩215,000	₩255,000
④	₩215,000	₩260,000

9. 다음은 (주)코리아의 20×1년 기초 및 기말 재무상태표에서 추출한 자산과 부채의 자료이다.

구분	20×1년 기초	20×1년 기말
자산총계	₩6,000,000	₩20,000,000
부채총계	₩2,800,000	₩10,000,000

(주)코리아는 20×1년 중에 유상증자로 ₩1,000,000의 자금을 조달하였고 ₩200,000의 무상증자를 실시하였다. 이익처분으로 현금배당 ₩600,000과 주식배당 ₩800,000을 지급하였고 법정적립금으로 ₩100,000의 이익준비금을 적립하였다. (주)코리아의 20×1년 포괄손익계산서에 표시될 당기순이익은 얼마인가?

① ₩4,200,000 ② ₩5,000,000
③ ₩4,300,000 ④ ₩6,400,000

10. (주)한국은 20×1년도 1월 1일에 보통주와 우선주를 다음과 같이 발행하여 설립되었다. 20×3년 12월 31일까지 발행주식수의 추가적인 변동은 없었다.

- 보통주 자본금: ₩2,000,000
  (발행주식수 400주, 주당 액면금액 ₩5,000)
- 우선주 자본금: ₩1,000,000
  (발행주식수 250주, 주당 액면금액 ₩4,000)

20×1년과 20×2년에는 배당금이 선언되거나 지급된 것이 없었다. (주)한국은 20×4년 2월에 ₩1,000,000의 현금배당을 계획하고 있으며, 보통주와 우선주의 배당률은 동일하게 5%이다. 우선주가 누적적이고 완전참가적인 경우 보통주에 배분될 배당금액은 얼마인가?

① ₩250,000
② ₩400,000
③ ₩500,000
④ ₩600,000

11. (주)한국은 20×1년 7월 1일에 건물이 정착되어 있는 토지를 ₩1,000,000에 취득하였다. 취득시점에서 토지 및 건물의 공정가치는 각각 ₩300,000과 ₩900,000이다. 취득한 건물의 내용연수는 4년, 잔존가치는 ₩50,000으로 추정하였으며, 감가상각방법은 연수합계법을 사용하고, 기중 취득자산의 감가상각비는 월할 계산한다. 다음 설명 중 옳지 않은 것은?

① 토지의 취득원가는 ₩250,000이다.
② 건물의 취득원가는 ₩750,000이다.
③ 20×1년 건물의 감가상각비는 ₩280,000이다.
④ 20×2년 12월 31일 건물의 감가상각누계액은 ₩385,000이다.

12. A제품의 매출액이 ₩500,000이고, 제품 단위당 변동원가가 ₩6, 판매가격이 ₩8이다. 고정원가가 ₩100,000일 경우 영업레버리지도는?

① 2.0
② 3.0
③ 4.0
④ 5.0

13. 다음은 (주)한국의 [거래]와 이에 대한 회계처리이다. 이와 관련하여 2022년 결산 시 (주)한국이 수행해야 할 결산 수정분개로 옳은 것은? (단, 회계기간은 매년 1월 1일부터 12월 31일까지이고, 임차료는 매월 균등하며, 제시된 자료 외의 것은 고려하지 않는다.)

[거래]
2022년 10월 1일 사무실 임차 계약을 하고 1년분 임차료 ₩360,000을 현금으로 지급하다. (계약 기간은 2022년 10월 1일부터 2023년 9월 30일까지이다.)

[회사의 회계처리]
(차변) 임차료 360,000 (대변) 현금 360,000

① (차변) 임차료 90,000 (대변) 미지급임차료 90,000
② (차변) 임차료 270,000 (대변) 미지급임차료 270,000
③ (차변) 선급임차료 90,000 (대변) 임차료 90,000
④ (차변) 선급임차료 270,000 (대변) 임차료 270,000

14. (주)대한은 퇴직급여제도로 확정급여제도를 채택하고 있다. 다음의 자료를 이용할 때, (주)대한의 확정급여제도로 인한 20×1년도 포괄손익계산서의 당기순이익과 기타포괄이익에 미치는 영향은 각각 얼마인가? 단, 법인세 효과는 고려하지 않는다.

- 20×1년 초 확정급여채무의 현재가치는 ₩15,000이며, 사외적립자산의 공정가치는 ₩12,000이다.
- 20×1년 말 확정급여채무의 현재가치는 ₩20,000이며, 사외적립자산의 공정가치는 ₩15,800이다.
- 20×1년 순확정급여부채 계산 시 적용되는 할인율은 연 10%이다.
- 20×1년 당기근무원가는 ₩4,000이다.
- 20×1년 말 퇴직종업원에게 ₩3,000의 현금이 사외적립자산에서 지급되었다.
- 20×1년 말 사외적립자산에 ₩5,000을 현금으로 출연하였다.

	당기순이익에 미치는 영향	기타포괄이익에 미치는 영향
①	₩ 4,000 감소	₩ 1,500 감소
②	₩ 4,300 감소	₩ 1,900 감소
③	₩ 4,300 감소	₩ 2,500 감소
④	₩ 5,500 감소	₩ 2,500 감소

15. (주)세무는 당기에 영업을 개시하였으며 표준원가계산제도를 채택하고 있다. 직접재료와 관련된 자료는 다음과 같다.

- 제품 단위당 직접재료 표준원가
  : 3kg*₩10/kg=₩30
- 실제발생 재료원가
  - 재료소비량 5,500kg, 재료원가 ₩66,000

당기 실제 제품 생산량이 2,000단위일 때 재료가격차이와 재료수량차이는?

	재료가격차이	재료수량차이
①	₩11,000(유리한 차이)	₩4,000(불리한 차이)
②	₩11,000(불리한 차이)	₩4,000(유리한 차이)
③	₩11,000(유리한 차이)	₩5,000(불리한 차이)
④	₩11,000(불리한 차이)	₩5,000(유리한 차이)

16. 다음은 「국가회계기준에 관한 규칙」과 「지방자치단체 회계기준에 관한 규칙」에 대한 설명이다. 가장 옳지 않은 것은?

① 「국가회계기준에 관한 규칙」에서는 「지방자치단체 회계기준에 관한 규칙」과 달리 부채의 분류에 장기차입부채가 포함된다.

② 「지방자치단체 회계기준에 관한 규칙」에서는 「국가회계기준에 관한 규칙」과 달리 자산의 분류에 주민편의시설이 포함된다.

③ 「지방자치단체 회계기준에 관한 규칙」에서는 「국가회계기준에 관한 규칙」과 달리 재무제표의 부속서류로 필수보충정보와 부속명세서가 포함된다.

④ 「국가회계기준에 관한 규칙」에서 순자산은 기본순자산, 적립금 및 잉여금, 순자산조정으로 구분되나, 「지방자치단체 회계기준에 관한 규칙」에서는 고정순자산, 특정순자산 및 일반순자산으로 분류하고 있다.

17. 다음 자료를 이용하여 당기총제조원가 중 기초(기본)원가를 계산하면 얼마인가?

> - 기초재공품은 기말재공품의 200%
> - 매출원가 ₩20,000, 기초제품 ₩5,000,
>   기말제품 ₩3,000
> - 직접재료원가 발생액은 ₩6,000
> - 제조간접원가는 직접노무원가발생액의 1/2만큼
>   발생
> - 기말재공품은 ₩3,000

① ₩8,000   ② ₩9,000

③ ₩12,000   ④ ₩15,000

18. (주)한국은 선입선출법에 의한 종합원가계산을 채택하고 있다. 기초재공품은 75,000단위이며 직접재료는 전량 투입되었고, 가공원가 완성도는 60%이다. 기말재공품은 50,000단위이며 직접재료는 전량 투입되었고, 가공원가 완성도는 70%이다. 당기착수량은 225,000단위이다. 기초재공품에 포함된 가공원가가 ₩14,000이고 당기발생 가공원가가 ₩120,000인 경우 당기 완성품에 배부되는 가공원가는?

① ₩17,500   ② ₩31,500

③ ₩102,500   ④ ₩116,500

19. 금융자산 및 기업 간 투자에 대한 설명으로 옳은 것은?

① 관계기업투자주식을 보유한 기업이 피투자회사로부터 배당금을 받는 경우 관계기업투자주식의 장부가액은 증가한다.

② 타회사가 발행한 주식을 취득하여 해당 기업의 경영에 유의적인 영향력을 미칠 수 있다면 동 주식을 관계기업투자로 분류한다.

③ 당기손익-공정가치 측정 금융자산은 기말에 공정가치평가손익을 포괄손익계산서에서 기타포괄손익으로 표시한다.

④ 계약상 현금흐름의 수취와 금융자산의 매도 둘 다를 통해 목적을 이루는 사업모형 하에서 취득한 채무상품은 상각후원가 측정 금융자산으로 분류한다.

20. 『국가회계기준에 관한 규칙』상 자산과 부채의 평가에 대한 설명으로 옳지 않은 것은?

① 재고자산은 제조원가 또는 매입가액에 부대비용을 더한 금액을 취득원가로 하고 품목별로 선입선출법을 적용하여 평가한다.

② 무형자산은 정률법에 따라 해당 자산을 사용할 수 있는 시점부터 합리적인 기간동안 상각한다.

③ 재정상태표에 표시하는 부채의 가액은 이 규칙에서 따로 정한 경우를 제외하고는 원칙적으로 만기상환가액으로 평가한다.

④ 장기연불조건의 거래, 장기금전대차거래 또는 이와 유사한 거래에서 발생하는 채권·채무로서 명목가액과 현재가치의 차이가 중요한 경우에는 현재가치로 평가한다.

김용재 공무원 실전동형모의고사 6회

1. 『국가회계기준에 관한 규칙』의 수익 인식에 대한 다음 설명 중 옳지 않은 것은?

① 신고 · 납부하는 방식의 국세는 납세의무자가 세액을 자진신고하는 때에 수익으로 인식한다.

② 연부연납(年賦延納) 또는 분납이 가능한 국세는 납세의무자가 납부한 때에 납부한 세액을 수익으로 인식한다.

③ 부담금 수익은 청구권 등이 확정된 때에 그 확정된 금액을 수익으로 인식한다.

④ 제재금수익 중 벌금, 과료, 범칙금 또는 몰수품으로서 청구권이 확정된 때나 몰수품을 몰수한 때에 그 금액을 확정하기 어려운 경우에는 벌금, 과료 또는 범칙금이 납부되거나 몰수품이 처분된 때에 수익으로 인식할 수 있다.

2. 『지방자치단체 회계기준에 관한 규칙』에 대한 설명으로 옳지 않은 것은?

① 자산은 미래에 공공서비스를 제공할 수 있거나 직접적 또는 간접적으로 경제적 효익을 창출하거나 창출에 기여할 가능성이 매우 높고 그 가액을 신뢰성 있게 측정할 수 있을 때에 인식한다.

② 자산은 유동자산, 투자자산, 일반유형자산, 주민편의시설, 사회기반시설 및 기타 비유동자산으로 분류한다.

③ 재정운영표의 수익과 비용은 그 발생원천에 따라 명확하게 분류하여야 하며, 해당 항목의 중요성에 따라 별도의 과목으로 표시하거나 다른 과목과 통합하여 표시할 수 있다.

④ 비용은 자산의 감소나 부채의 증가를 초래하는 회계연도 동안의 거래로 생긴 순자산의 감소를 말한다. 따라서, 회계 간의 재산 이관, 물품 소관의 전환 등으로 생긴 순자산의 감소도 비용에 포함한다.

3. 다음은 (주)한국의 임대료와 매출채권의 장부마감 전 계정별 원장이다. 다음 계정별 원장에 대한 내용으로 옳지 않은 것은?

임대료	
	현금 ₩20,000
	선수수익 ₩30,000

매출채권	
전기이월 ₩20,000	현금 ₩30,000
매출 ₩50,000	

① (주)한국은 당기에 임대 용역을 제공하고 현금 ₩20,000을 수취하였다.

② 임대료계정 원장의 차변에 집합손익 ₩50,000으로 마감한다.

③ (주)한국은 당기에 현금매출 ₩30,000이 발생하였다.

④ 매출채권계정 원장의 대변에 차기이월 ₩40,000으로 마감한다.

4. 다음은 A사의 회계자료이다. 20×2년의 매출총이익은?

20×1년 12월 31일 매출채권(순액)	₩1,200
20×2년 12월 31일 매출채권(순액)	₩1,800
매출채권회전율	6회
20×1년 12월 31일 재고자산	₩800
20×2년 12월 31일 재고자산	₩1,200
재고자산회전율	5회

① ₩3,000　　　　② ₩4,000
③ ₩5,000　　　　④ ₩6,000

5. 회계정책, 회계추정의 변경 및 오류의 수정에 대한 다음의 설명 중 옳지 않은 것은?

① 과거에 발생하였지만 중요하지 않았던 거래, 기타 사건 또는 상황에 대하여 새로운 회계정책을 적용하는 경우는 회계정책의 변경에 해당하지 않는다.

② 회계변경의 속성상 그 효과를 회계정책의 변경효과와 회계추정의 변경효과로 구분하는 것이 불가능한 경우에는 이를 회계정책의 변경으로 본다.

③ 유형자산이나 무형자산을 원가모형으로 측정하다가 재평가모형을 최초로 적용하는 경우는 회계정책의 변경에 해당하나, 재평가모형을 소급적용하지 않고 최초 적용시점부터 전진적으로 회계처리한다.

④ 당기 기초시점에 과거기간 전체에 대한 오류의 누적효과를 실무적으로 결정할 수 없는 경우에는 실무적으로 적용할 수 있는 가장 이른 날부터 전진적으로 오류를 수정하여 비교정보를 재작성한다.

6. 다음 중 '재무보고를 위한 개념체계'에 대한 설명으로 옳지 않은 것은?

① 재무보고서는 정확한 서술보다는 상당 부분 추정, 판단 및 모형에 근거한다.

② '개념체계'는 회계기준이 아니다. 따라서 '개념체계'의 모든 내용이 회계기준이나 회계기준의 요구사항에 우선한다.

③ 원가는 재무보고로 제공될 수 있는 정보에 대한 포괄적 제약요인이다.

④ 개념체계는 한국회계기준위원회가 일관된 개념에 기반하여 한국채택국제회계기준을 제·개정하는 데 도움을 준다.

7. 유형자산의 원가는 경영진이 의도하는 방식으로 자산을 가동하는 데 필요한 장소와 상태에 이르게 하는 데 직접 관련된 원가를 포함한다. 다음 중에서 이러한 원가와 관련 없는 것은 무엇인가?

① 유형자산의 취득과 관련하여 전문가에게 지급하는 수수료

② 유형자산이 정상적으로 작동되는지 여부를 시험하는 과정에서 발생하는 시험원가

③ 유형자산과 관련된 산출물에 대한 수요가 형성되는 과정에서 발생하는 초기 가동손실

④ 설치장소 준비 원가

8. A사는 20×1년초에 건물을 ₩100,000에 취득하여 사용 중이다. (내용연수 5년, 잔존가치는 ₩0, 정액법으로 상각, 원가모형 적용) 20×1년과 20×2년 결산 시 아래와 같은 사실이 추정되는 경우 A사가 동 건물과 관련하여 20×2년에 인식할 손상차손환입은?

	20×1년	20×2년
순공정가치	₩40,000	₩50,000
사용가치	₩35,000	₩65,000

① ₩10,000 ② ₩20,000
③ ₩30,000 ④ ₩35,000

9. 재무제표 표시에 대한 설명으로 옳지 않은 것은?

① 상이한 성격이나 기능을 가진 항목은 통합하여 표시하지만, 중요하지 않은 항목은 성격이나 기능이 유사한 항목과 구분하여 표시할 수 있다.

② 한국채택국제회계기준에서 요구하거나 허용하지 않는 한 자산과 부채 그리고 수익과 비용은 상계하지 아니한다.

③ 한국채택국제회계기준이 달리 허용하거나 요구하는 경우를 제외하고는 당기 재무제표에 보고되는 모든 금액에 대해 전기 비교정보를 공시한다.

④ 재무제표가 계속기업의 기준하에 작성되지 않는 경우에는 그 사실과 함께 재무제표가 작성된 기준 및 그 기업을 계속기업으로 보지 않는 이유를 공시하여야 한다.

10. (주)한국은 20×1년 1월 1일에 액면금액 ₩100,000(이자지급일 매년 12월 31일, 만기일 20×3년 12월 31일)의 사채를 ₩89,565에 할인발행하였다. 사채발행일 현재 유효이자율은 연 10%이다. 동 사채의 20×2년 1월 1일 장부가액은 ₩94,522이다. 사채의 표시이자율은 얼마인가? 단, 계산 금액은 소수점 첫째자리에서 반올림하며, 단수차이로 인한 오차가 있으면 가장 근사치를 선택한다.

① 4% ② 5%
③ 6% ④ 7%

11. 다음은 (주)대한의 자본 관련 자료이다. 아래 <자료>를 통해 알 수 있는 내용으로 옳은 것은? (단, 자기주식은 없으며, 제시된 자료 외의 것은 고려하지 않는다.)

> ──────── │ 자료 │ ────────
>
> • 증자 전 자본 관련 자료
>   1. 발행 주식 수: 보통주 200주 (1주당 액면금액 ₩5,000)
>   2. 자본 총액: ₩1,800,000
> • 유상증자 관련 자료
>   1. 신주의 종류와 수: 보통주 100주
>   2. 신주 발행금액: 1주당 ₩7,000

① 증자 시 자본잉여금이 ₩700,000 증가한다.
② 증자 시 이익잉여금이 ₩200,000 증가한다.
③ 증자 후 자본금은 ₩1,700,000이다.
④ 증자 후 자본총액은 ₩2,500,000이다.

12. 20×1년초 (주)대한은 신제품을 출시하면서 판매일로부터 2년 이내에 제조상 결함으로 인하여 발생하는 제품 하자에 대해 무상으로 수리하거나 교체해주는 제품보증제도를 도입하였다. 다음은 20×1년과 20×2년의 매출액 및 실제 제품보증비 지출에 대한 자료이다.

	20×1년	20×2년
매출액	₩2,000,000	₩2,500,000
제품보증비 지출액	8,000	17,000

(주)대한은 매출액의 2%를 제품보증비 발생액에 대한 추정치로 결정하고 제품보증충당부채를 설정하였다면, 20×1년도 손익계산서상 제품보증비와 20×2년말 재무상태표상 제품보증충당부채 잔액은 얼마인가?

	20×1년도 제품보증비	20×2년말 제품보증충당부채 잔액
①	₩8,000	₩65,000
②	₩40,000	₩32,000
③	₩40,000	₩65,000
④	₩50,000	₩32,000

13. (주)한국에는 보조부문에 전력부가 있고, 제조부문에 절단부와 조립부가 있다. 전력부는 절단부와 조립부에 전력을 공급하고 있으며, 각 제조부문의 월간 전력 최대사용가능량과 4월의 전력 실제 사용량은 다음과 같다.

	절단부	조립부	합계
최대사용가능량	300kw	200kw	500kw
실제사용량	500kw	300kw	800kw

한편, 3월 중 각 부문에서 발생한 제조간접원가는 다음과 같다.

	전력부	절단부	조립부	합계
변동원가	₩80,000	₩80,000	₩70,000	₩230,000
고정원가	₩100,000	₩150,000	₩50,000	₩300,000
합계	₩180,000	₩230,000	₩120,000	₩530,000

이중배부율법을 적용할 경우 절단부와 조립부에 배부될 전력부의 원가는?

	절단부	조립부		절단부	조립부
①	₩90,000	₩90,000	②	₩100,000	₩80,000
③	₩110,000	₩70,000	④	₩120,000	₩60,000

14. A사는 제조간접원가 배부기준으로 기계작업시간을 사용하여 정상개별원가계산을 적용하고 있다. A사의 20×1년 연간 제조간접원가 예산은 ₩400,000이고, 실제 발생한 제조간접원가는 ₩415,000이다. 20×1년 연간 예정조업도는 16,000기계작업 시간이고, 20×1년의 제조간접원가 배부차이가 ₩85,000(과대배부)일 때, 실제 기계작업시간은 얼마인가?

① 13,200시간
② 16,000시간
③ 20,000시간
④ 25,000시간

15. (주)서울은 20×1년 초에 취득한 비품 ₩20,000을 자산으로 인식하지 않고 당기 소모품비로 처리했는데, 동 비품은 잔존내용연수 4년, 잔존가액 ₩0, 정액법으로 감가상각했어야 옳았다. 다음 중 오류수정 분개로 옳은 것은? (단, 이러한 오류는 중대하며 20×2년도 장부는 마감되지 않은 상태이다.)

① (차) 비품 ₩20,000
　　 감가상각비 ₩5,000
(대) 이익잉여금 ₩20,000
　　 감가상각누계액 ₩5,000

② (차) 비품 ₩20,000
　　 감가상각비 ₩10,000
(대) 이익잉여금 ₩20,000
　　 감가상각누계액 ₩10,000

③ (차) 비품 ₩20,000
(대) 이익잉여금 ₩10,000
　　 감가상각누계액 ₩10,000

④ (차) 비품 ₩20,000
　　 감가상각비 ₩5,000
(대) 이익잉여금 ₩15,000
　　 감가상각누계액 ₩10,000

16. (주)대한의 매출채권과 대손에 관한 2022년도 자료는 다음과 같다. 2022년도 포괄손익계산서에 계상될 대손상각비는 얼마인가?

- 2022. 1. 1 현재 대손충당금 계정의 잔액은 ₩1,000이다.
- 2022. 2월에 당기에 매출한 ₩1,200의 매출채권이 회수불가능한 것으로 확정되었다.
- 2022. 5월에 전기에 대손 처리한 매출채권 ₩700이 회수되었다.
- 2022. 12. 31 현재 매출채권의 잔액은 ₩100,000이며 이 중 99%에 해당하는 금액만 회수가능한 금액으로 예상된다.

① ₩300　　② ₩500
③ ₩1,000　　④ ₩1,200

17. (주)고구려는 (주)만주를 인수하면서 (주)만주의 발행주식 전부를 ₩400에 매입하였다. 아래에 주어진 (주)만주와 관련된 자료를 이용하여 (주)고구려가 영업권으로 인식할 금액을 계산하면 얼마인가? 단, (주)만주는 창립 이후에 우선주를 발행한 적이 없다.

- 자산의 장부금액 ₩700 (공정가치 ₩600)
- 부채의 장부금액 ₩300 (공정가치 ₩400)
- 자 본 금 ₩100
- 자본잉여금 ₩100
- 이익잉여금 ₩200

① ₩0　　② ₩100
③ ₩200　　④ ₩400

18. 다음은 (주)한국의 20×1년 4월 자료이다.

	20×1년 4월 1일	20×1년 4월 30일
직접재료	₩4,000	₩5,000
재공품	₩7,000	₩6,000
제품	₩20,000	₩22,000

(주)한국의 20×1년 4월 중 직접재료 매입액은 ₩25,000이고, 매출원가는 ₩68,000이었다. (주)한국의 20×1년 4월 중 발생한 가공원가는?

① ₩45,000　　② ₩48,000
③ ₩50,000　　④ ₩53,000

19. 기능통화가 원화인 (주)한국이 20×1년 12월 31일 현재 보유하고 있는 외화표시 자산·부채 내역과 추가 정보는 다음과 같다.

계정과목	외화표시금액	최초인식금액
매 출 채 권	$200	₩197,000
재 고 자 산	$300	₩312,500
토 지	$50	₩55,000

- 20×1년말 현재 마감환율은 ₩1,000/$이다. 위 자산·부채는 모두 20×1년 중에 최초 인식되었다.
- 20×1년말 현재 재고자산의 순실현가능가치는 $310이다.
- 토지는 재평가모형을 적용하고 있으며, 20×1년말 현재 토지의 공정가치는 $57이다.

위 외화표시 자산·부채에 대한 기말평가와 기능통화로의 환산이 (주)한국의 20×1년도 당기순이익에 미치는 영향(순액)은?

① ₩500 증가   ② ₩1,500 증가

③ ₩2,500 증가   ④ ₩3,000 증가

20. (주)한국은 조립부문과 도장부문을 통해 제품을 생산하고 있으며, 조립부문은 노동시간, 도장부문은 기계시간을 기준으로 제조간접원가를 배부하고 있다. (주)한국이 생산한 A, B제품에 대한 원가정보는 아래와 같다.

	조립부문	도장부문	합 계
• 제조간접원가	₩800,000	₩700,000	₩1,500,000
• 노동시간	400시간	600시간	1,000시간
• 기계시간	200시간	500시간	700시간

		A제품	B제품
• 직접재료원가		₩50,000	₩30,000
• 직접노무원가		₩100,000	₩80,000
• 조립부문	노동시간	30시간	10시간
	기계시간	30시간	20시간
• 도장부문	노동시간	30시간	20시간
	기계시간	30시간	20시간

(주)한국의 A제품과 B제품에 대한 제품별 제조원가는 각각 얼마인가?

	A제품	B제품
①	₩232,000	₩178,000
②	₩252,000	₩158,000
③	₩232,000	₩158,000
④	₩252,000	₩178,000

1. '재무제표 표시'에 관한 설명으로 옳지 않은 것은?

   ① 부적절한 회계정책은 이에 대하여 공시나 주석 또는 보충 자료를 통해 설명하더라도 정당화될 수 없다.
   ② 기업은 현금흐름 정보를 제외하고는 발생기준 회계를 사용하여 재무제표를 작성한다.
   ③ 한국채택국제회계기준에서 요구하거나 허용하지 않는 한 자산과 부채 그리고 수익과 비용은 상계하지 아니한다.
   ④ 기업이 재무상태표에 유동자산과 비유동자산, 그리고 유동부채와 비유동부채로 구분하여 표시하는 경우, 이연법인세자산(부채)은 유동자산(부채)으로 분류한다.

2. 다음 중 자본에 영향을 미치는 거래에 해당하지 않는 것은?

   ① 주식을 할인 발행하다.
   ② 임의적립금을 적립하다.
   ③ 주주총회에서 현금배당을 실시하기로 결의하였다.
   ④ 주주로부터 자산을 무상으로 기부받다.

3. 재고자산에 대한 설명으로 옳지 않은 것은?

   ① 저가법의 적용에 따라 평가손실을 초래한 상황이 해소되어 새로운 시가가 장부가액보다 상승한 경우, 최초의 장부가액을 초과하지 않는 범위 내에서 평가손실을 환입하고 당기비용에서 차감한다.
   ② 저가법에 의한 재고자산 평가는 총액을 기준으로 이루어져야 한다. 그러나 재고항목들이 서로 유사하거나 관련되어 있는 경우에는 저가법을 조별로 적용할 수 있다.
   ③ 재고자산의 매입단가가 지속적으로 상승하는 경우, 선입선출법을 적용하였을 경우의 매출총이익이 평균법을 적용하였을 경우의 매출총이익보다 더 높게 보고된다.
   ④ 재고자산의 매입단가가 지속적으로 상승하는 경우, 계속기록법하에서 선입선출법을 사용할 경우와 실지재고조사법하에서 선입선출법을 사용할 경우의 매출원가는 동일하다.

4. 성수회사는 액면가액 ₩10,000, 표시이자율 연 10%, 6개월짜리 약속어음을 3개월간 보유한 후 연 12%의 할인율로 은행에서 할인받았다. 이 경우 현금 수령액은 얼마인가?

   ① ₩10,185   ② ₩10,315
   ③ ₩10,500   ④ ₩10,630

5. 20×1년 초에 영업을 개시한 (주)한국은 동 기간에 5,000단위를 생산하여, 4,000단위의 제품을 판매하였다.

• 단위당 직접재료원가	₩450
• 단위당 직접노무원가	₩300
• 단위당 변동제조간접원가	₩100
• 단위당 변동판매관리비	₩150
• 고정제조간접원가	₩500,000
• 고정판매관리비	₩100,000
• 단위당 판매가격	₩1,200

   변동원가계산에 의한 영업이익과 전부원가계산에 의한 영업이익의 차이는?

   ① ₩100,000   ② ₩200,000
   ③ ₩300,000   ④ ₩400,000

6. (주)한국은 유형자산에 대하여 재평가모형을 사용하고 있으며, 토지를 20×1년 초 ₩1,000,000에 취득하였다. 20×1년 말 재평가 결과 토지의 공정가치는 ₩900,000이었고, 20×2년 말 재평가 결과 토지의 공정가치가 ₩1,050,000인 경우, 20×2년에 인식할 당기순이익과 총포괄이익은?

	당기순이익	총포괄이익
①	₩50,000	₩100,000
②	₩50,000	₩150,000
③	₩100,000	₩100,000
④	₩100,000	₩150,000

7. (주)한국은 20×1년도 이익처분을 위한 주주총회를 20×2년 3월 5일에 개최하였다. 주주총회 결의 후에 이익잉여금 구성은 다음과 같다.

이익준비금	₩240
배당평균적립금	40
미처분이익잉여금	100
합계	₩380

추가 자료는 다음과 같다.
(1) 20×2년도 당기순이익은 ₩100이다.
(2) 20×2년도 이익처분을 위한 주주총회가 20×3년 3월 10일 개최되었으며, 다음을 결의하였다.

• 배당평균적립금 ₩40을 미처분이익잉여금으로 이입
• 이익준비금으로 ₩20 적립
• 사업확장적립금으로 ₩80 적립
• 현금배당 ₩50을 지급하기로 결의(실제 지급일은 20×3년 3월 20일)

20×3년 3월 10일 주주총회 결의 후 (주)한국의 차기이월 미처분이익잉여금은 얼마인가?

① ₩50 ② ₩90
③ ₩110 ④ ₩160

8. (주)한국의 20×1년 재고자산의 기초 및 기말 잔액은 다음과 같다.

구 분	20×1년 1월 1일	20×1년 12월 31일
직접재료	₩2,000	₩4,000
재공품	₩8,000	₩10,000
제품	₩12,000	₩15,000

(주)한국의 20×1년 제조 관련 추가 자료는 다음과 같다.

• 20×1년 중 직접재료 매입액은 ₩22,000이다.
• 20×1년에 발생한 직접노무원가는 기본원가(prime cost)의 50%이다.
• 20×1년에 발생한 제조간접원가는 전환원가(conversion cost)의 80%이다.

(주)한국의 20×1년 당기제품제조원가는?

① ₩70,000 ② ₩74,000
③ ₩118,000 ④ ₩122,000

9. (주)한국은 당기에 다음과 같은 오류를 발견하고, 장부 마감 전에 이를 수정하였다. 오류수정 전 당기순이익이 ₩100,000이라고 할 때, 오류수정 후 당기순손익은?

• 당기 7월 1일 지급한 보험료 ₩120,000을 전액 보험료비용으로 계상하였다. (보험기간은 당기 7월 1일부터 차기 6월 30일까지이다)
• 당기 발생 미지급급여 ₩100,000을 누락하고 인식하지 않았다.
• 당기 발생 미수이자 ₩40,000을 누락하고 인식하지 않았다.
• (주)한국의 수정전시산표상 소모품은 ₩160,000이지만, 기말 현재 남아있는 소모품은 ₩70,000이다.

① 당기순이익 ₩10,000
② 당기순이익 ₩100,000
③ 당기순손실 ₩90,000
④ 당기순손실 ₩10,000

10. (주)글로벌은 볼펜을 생산하고 있다. 지난 1년간의 생산 및 원가 자료를 이용하여 원가행태를 추정하려고 한다. 다음 자료를 기초로 고저점법(High - low method)을 이용하여 생산량이 200개일 때 추정한 총제품제조원가는?

월	생산량	원가(₩)	월	생산량	원가(₩)
1	100	15,100	7	160	20,500
2	120	16,300	8	130	18,100
3	150	18,700	9	120	17,900
4	110	14,940	10	110	16,000
5	130	17,500	11	170	20,700
6	120	16,900	12	140	19,100

① ₩13,980　　② ₩15,100
③ ₩23,100　　④ ₩23,580

11. (주)한국이 보고한 20×1년의 당기순이익은 ₩1,000,000이다. 다음과 같은 사항이 20×1년에 발생하였을 때, (주)한국의 20×1년 간접법에 의한 영업활동현금흐름을 계산하면 얼마인가? 단, 법인세는 무시한다.

- 매출채권(순액) 증가액 ₩300,000
- 재고자산(순액) 감소액 ₩200,000
- 매입채무 증가액 ₩100,000
- 감가상각비 ₩120,000
- 유형자산처분이익 ₩150,000

① ₩960,000　　② ₩970,000
③ ₩980,000　　④ ₩990,000

12. 다음은 유형자산의 취득원가 결정에 관한 설명이다. 가장 적절하지 않은 것은?

① 장기연불조건에 의해 취득하는 경우 명목가액과 현재가치의 차이가 중요한 경우에는 현재가치가 취득원가이다.
② 새건물을 신축하기 위해 사용중인 기존 건물을 철거하는 경우 철거비용은 전액 당기비용으로 처리한다.
③ 사용이 종료된 후에 원상회복을 위하여 자산을 해체하는 데 소요되는 비용은 현재가치를 계산하여 취득원가에 가산한다.
④ 새건물을 신축하기 위해 기존 건물이 있는 토지를 취득하는 경우 기존 건물의 철거비용은 새건물의 취득원가에 산입한다.

13. 다음은 어느 지방자치단체의 재정운영표 내용이다. 일반수익은?

• 사업총원가	₩117,000
• 관리운영비	₩65,000
• 비배분수익	₩38,000
• 사업수익	₩39,000
• 비배분비용	₩47,000
• 재정운영결과	₩115,000

① ₩28,000　　② ₩37,000
③ ₩75,000　　④ ₩80,000

14. (주)한국의 기계장치 순장부금액은 20×1년도 초와 말에 각각 ₩70,000과 ₩110,000이다. (주)한국은 20×1년도 중 당기에 기계장치를 ₩100,000에 처분하였다. 손익계산서에 기계장치 관련 감가상각비는 ₩50,000, 유형자산처분이익은 ₩40,000이다. (주)한국이 당기에 신규로 매입한 기계장치의 취득원가는 얼마인가?

① ₩140,000　　② ₩150,000
③ ₩160,000　　④ ₩170,000

15. (주)한국은 투자 목적으로 A사채와 B주식을 취득하였다. (주)한국은 A사채로부터 원리금 수취와 매매차익 모두를 기대하고 있으며, B주식의 공정가치 변동액을 기타포괄손익으로 인식하도록 선택하였다. 다음 설명 중 옳지 않은 것은?

① (주)한국은 A사채의 공정가치 변동액을 기타포괄손익으로 인식한다.

② (주)한국은 B주식으로 인해 수령한 배당금을 당기손익으로 인식한다.

③ (주)한국이 A사채를 처분할 때 기 인식한 기타포괄손익누계액을 당기손익으로 재분류할 수 있다.

④ (주)한국이 B주식을 처분할 때 기 인식한 기타포괄손익누계액을 당기손익으로 재분류할 수 있다.

16. 다음은 20×1년 초에 설립된 (주)한국의 법인세 관련 자료이다. (주)한국의 20×1년 법인세비용은 얼마인가? (단, 이연법인세자산(또는 부채)의 인식조건은 충족된다)

- 20×1년도 법인세비용차감전순이익이 ₩50,000이다.
- 세무조정 결과 회계이익과 과세소득의 차이로 인해 차감할 일시적 차이는 ₩10,000이고, 접대비 한도 초과액은 ₩5,000이다.
- 법인세 세율은 20%이며 차기 이후 세율변동은 없을 것으로 예상된다.

① ₩9,000 ② ₩11,000
③ ₩13,000 ④ ₩15,000

17. (주)한국은 단일제품을 대량으로 생산하고 있으며, 종합원가계산을 적용하고 있다. 원재료는 공정초기에 투입되고 가공원가는 공정전반에 걸쳐 균등하게 발생하는데, (주)한국의 20×1년 4월의 생산자료는 다음과 같다.

• 기초재공품 100,000개 (완성도 40%)	• 당기착수량 800,000개
• 당기완성량 600,000개	• 기말재공품 200,000개 (완성도 80%)

(주)한국은 선입선출법을 적용하고 있으며, 생산공정에서 발생하는 공손품의 검사는 공정의 50%시점에서 이루어지며, 검사를 통과한 합격품의 10%를 정상공손으로 허용하고 있을 때 비정상공손 수량은?

① 20,000개 ② 30,000개
③ 70,000개 ④ 80,000개

18. 『국가회계기준에 관한 규칙』상 투자증권 평가에 대한 설명으로 옳지 않은 것은?

① 투자증권은 매입가액에 부대비용을 더하고 종목별로 선입선출법 등을 적용하여 산정한 가액을 취득원가로 한다.

② 채무증권은 상각후취득원가로 평가하고, 지분증권은 취득원가로 평가한다.

③ 투자증권은 재정상태표일 현재 신뢰성 있게 공정가액을 측정할 수 있으면 그 공정가액으로 평가하며, 장부가액과 공정가액의 차이금액은 순자산조정에 반영한다.

④ 정부출자금은 출자액 또는 매입가액에 부대비용을 더하고 품목별로 총평균법 등을 적용하여 산정한 가액을 취득원가로 한다.

19. 「재무보고를 위한 개념체계」에서 제시된 '측정'에 대한 설명으로 옳지 않은 것은?

① 공정가치는 측정일에 시장참여자 사이의 정상거래에서 자산을 매도할 때 받거나 부채를 이전할 때 지급하게 될 가격이다.

② 사용가치는 기업이 자산의 사용과 궁극적인 처분으로 얻을 것으로 기대하는 현금흐름 또는 그 밖의 경제적 효익의 현재가치이다.

③ 이행가치는 기업이 부채를 이행할 때 이전해야 하는 현금이나 그 밖의 경제적자원의 현재가치이다.

④ 사용가치와 이행가치는 기업 특유의 가정보다는 시장참여자의 가정을 반영한다.

20. 다음의 재무비율 자료를 이용할 때 가장 규모 (자산총액평균)가 큰 기업은?

기업	매출액순이익률	자산회전율	당기순이익
A	10%	2.5	₩350억
B	15%	2	450억
C	20%	2.5	600억
D	25%	2	500억

① A기업   ② B기업
③ C기업   ④ D기업

1. 재무정보의 질적 특성 중 비교가능성에 대한 설명으로 옳지 않은 것은?

① 비교가능성은 이용자들이 항목 간의 유사점과 차이점을 식별하고 이해할 수 있게 하는 질적특성이다.

② 비교가능성은 목표이고 일관성은 그 목표를 달성하는 데 도움을 준다.

③ 비교가능성은 통일성이 아니다.

④ 하나의 경제적 현상은 여러 가지 방법으로 충실하게 표현될 수 있으며, 동일한 경제적 현상에 대해 대체적인 회계처리방법을 허용하면 비교가능성이 증가한다.

2. 다음은 20×1 회계연도 건국회사의 재무제표와 거래자료 중 일부이다.

• 기초매입채무	₩80
• 기초상품재고	₩120
• 기말상품재고	₩110
• 매출액	₩500
• 매출총이익	₩100
• 매입채무에 대한 당기 현금지급액	₩350

20×1년 말 재무상태표상 매입채무 잔액은 얼마인가?

① ₩120   ② ₩130
③ ₩140   ④ ₩150

3. 다음은 A사의 20×1년 상품의 매입과 매출에 관련된 자료이다. 아래의 자료를 이용하여 A사가 평균법을 적용하는 경우 매출원가는 얼마인가? (단, A사의 상품의 회계처리는 실지재고조사법에 따르고 있다.)

날 짜	내 용	수량(개)	단위당 금액	합 계
1월 1일	기초재고	200	원가 ₩500	₩100,000
2월 12일	매 입	400	원가 850	340,000
5월 3일	판 매	(500)	매가 1,000	500,000
12월 4일	매 입	400	원가 900	360,000
12월 11일	판 매	(200)	매가 1,100	220,000

① ₩240,000   ② ₩530,000
③ ₩560,000   ④ ₩605,000

4. 다음은 (주)한국마트의 2011년도 당기 매출액 및 기말재고자산과 관련된 자료이다. 회사는 재고물량흐름을 평균법으로 가정하고, 소매재고법(매출가격환원법)에 의해 기말재고자산을 평가하고자 한다. 주어진 자료를 이용하여 매출총이익을 계산하면 얼마인가? 단, 당기 중에 판매가의 인상이나 인하는 없었고, 기말의 상품실사결과 장부상의 수량은 실사결과와 일치하였으며, 자산 손상도 없었다.

• 매 출 액 :	500
• 기초재고 :	원가 50, 판매가 100
• 당기매입 :	원가 400, 판매가 500
• 기말재고 :	원가 ?, 판매가 ? (단위:원)

① 110원   ② 125원
③ 130원   ④ 140원

5. (주)한국은 20×1년 초 건물을 ₩100,000에 구입하면서 정부발행 채권을 액면가액(₩50,000)으로 의무 매입하였다. 동 채권은 3년 만기이며, 액면이자율은 5%이고, 이자는 매년 말에 후급한다. (주)한국은 취득한 채권을 상각후원가측정 금융자산으로 분류하였으며, 구입당시 시장이자율은 8%이다. 20×1년 초에 인식할 건물의 취득원가는 얼마인가? 단, 8%, 3기간의 단일금액 ₩1의 현재가치는 0.79, 정상연금 ₩1의 현재가치는 2.58이다.

① ₩104,050   ② ₩106,450

③ ₩139,500   ④ ₩145,950

6. 다음 중 재무제표 표시에 대한 설명으로 옳지 않은 것은?

① 기업은 발생기준회계를 사용하여 모든 재무제표를 작성한다.

② 한국채택국제회계기준에서 요구하거나 허용하는 경우를 제외하고 자산과 부채 그리고 수익과 비용은 상계하지 아니한다.

③ 전체 재무제표는 적어도 1년을 보고빈도로 하여 작성하되, 보고기간종료일을 변경하는 경우에는 보고기간이 1년을 초과하거나 미달할 수 있다.

④ 한 기간에 인식되는 모든 수익과 비용 항목은 한국채택국제회계기준이 달리 정하지 않는 한 당기손익으로 인식한다.

7. (주)한국의 20×1년도 생산 및 판매 관련 자료는 다음과 같다.

• 기초재공품재고액	₩50,000
• 기말재공품재고액	₩70,000
• 기초제품재고액	₩80,000
• 기말제품재고액	₩90,000
• 당기총제조원가	₩60,000
• 매출액	₩45,000
• 판매비와관리비	₩10,000

(주)한국의 20×1년 영업이익은 얼마인가?

① ₩5,000   ② ₩10,000

③ ₩15,000   ④ ₩20,000

8. 한국건설은 20×1년 4월 사용하던 굴삭기를 대한건설의 크레인과 교환하였다. 교환 시점에 제공한 굴삭기의 장부금액은 ₩1,000(취득원가 ₩6,800, 감가상각누계액 ₩5,800), 공정가치는 ₩1,960이었다. 이 교환과 관련하여 한국건설은 추가로 현금 ₩4,600을 지급하였다. 이 교환거래가 상업적 실질이 있는 경우 한국건설이 이 거래와 관련하여 인식하여야 할 유형자산처분손익은?

① ₩960 이익   ② ₩960 손실

③ ₩1,040 이익   ④ ₩1,040 손실

9. A사의 기말 현재 매출채권 잔액은 ₩285,000이고, 이 중 ₩250,000을 회수할 수 있을 것으로 추정된다. 기초 대손충당금 잔액이 ₩21,000이며 당기 중 대손확정된 금액은 ₩10,000이다. 다음 중 기말시점에 인식해야할 대손상각비는 얼마인가?

① ₩24,000   ② ₩14,000

③ ₩11,000   ④ ₩35,000

10. (주)한국은 20×1년 1월 1일에 액면금액 ₩1,000,000 (표시이자율 연 10%, 이자지급일 매년 12월 31일, 만기일 20×3년 12월 31일)의 사채를 발행하였다. 사채발행일 현재 유효이자율은 연 6%이다. (주)한국이 유효이자율법을 사용할 때 동 사채와 관련하여 3년간 포괄손익계산서에 인식할 총이자비용은 얼마인가? 단, 계산금액은 소수점 첫째자리에서 반올림하며, 단수차이로 인한 오차가 있으면 가장 근사치를 선택한다.

할인율	단일금액 ₩1의 현재가치			정상연금 ₩1의 현재가치		
	1기	2기	3기	1기	2기	3기
6%	0.94	0.89	0.84	0.94	1.83	2.67
10%	0.91	0.83	0.75	0.91	1.74	2.49

① ₩193,000　　　　② ₩300,000

③ ₩377,000　　　　④ ₩407,000

11. (주)한국은 급여체계를 일부 변경하려고 고민하고 있는데, 현재의 자료는 다음과 같다.

• 제품 단위당 판매가격	₩100
• 공헌이익률	60%
• 연간고정원가	
임차료	₩15,000
급여	₩21,000
광고선전비	₩12,000

만약 매출액의 10%를 성과급으로 지급하는 방식으로 급여체계를 변경한다면 고정급여는 ₩6,000이 절약될 것으로 추정하고 있다. 다음 중 옳지 않은 것은?

① 급여체계 변경 후 공헌이익률은 50%이다.

② 급여체계 변경 전 매출수량이 1,000단위이면 안전한계 판매량은 200단위이다.

③ 급여체계 변경으로 인해 손익분기점 판매량은 40단위가 증가한다.

④ 급여체계 변경으로 영업이익이 증가하기 위해서는 판매량이 800단위 이상이어야 한다.

12. 유형자산의 감가상각에 대한 다음 설명 중 옳지 않은 것은?

① 유형자산의 감가상각방법은 자산의 미래경제적효익이 소비되는 형태를 반영한다.

② 감가상각의 본질은 합리적이고 체계적인 원가의 배분과정이다.

③ 유형자산의 감가상각은 자산이 사용가능한 때부터 시작한다.

④ 기존에 사용하던 유형자산의 잔존가치가 중요하게 변동한 경우, 전기에 인식한 감가상각비부터 소급하여 손익계산서에 전기오류수정으로 반영한다.

13. (주)한국은 두 개의 보조부문(S1, S2)과 두 개의 제조부문(P1, P2)을 통해 제품을 생산하고 있으며, 보조부문 S2의 원가를 먼저 배부하는 단계배부법을 이용하여 보조부문원가를 제조부문에 배부한다. 20×1년 4월 중 용역제공부문이 용역사용부문에 제공한 용역의 비율과 각 부문별 제조간접원가 실제발생액은 다음과 같다.

용역 제공 부문	용역사용부문			
	보조부문 S1	보조부문 S2	제조부문 P1	제조부문 P2
보조부문 S1	-	50%	20%	30%
보조부문 S2	20%	-	40%	40%
원가 발생액	₩60,000	₩50,000	₩200,000	₩250,000

단계배부법에 의하여 20×1년 4월 중 실제로 발생한 보조부문의 원가를 제조부문에 배부한 후, 제조부문 P1과 제조부문 P2에 집계될 제조간접원가 금액은 각각 얼마인가?

	제조부문 P1	제조부문 P2
①	₩248,000	₩312,000
②	₩252,000	₩308,000
③	₩252,500	₩307,500
④	₩254,000	₩306,000

14. 주당 ₩10,000에 취득한 자기주식 1,000주 중 200주를 주당 ₩15,000에 매각했을 때, 이 매각거래가 재무제표에 미치는 영향으로 옳은 것은?

① 자본총계는 변동하지 않는다.

② 자본잉여금은 변동하지 않는다.

③ 자본조정 합계액이 ₩2,000,000 증가한다.

④ 자본금이 ₩2,000,000 감소한다.

15. 『국가회계기준에 관한 규칙』상 자산과 부채의 평가에 대한 설명으로 옳지 않은 것은?

① 기타 충당부채 중 퇴직급여충당부채는 재정상태표일 현재 「공무원연금법」 및 「군인연금법」을 적용받지 아니하는 퇴직금 지급대상자가 일시에 퇴직할 경우 지급하여야 할 퇴직금으로 평가한다.

② 화폐성 외화부채는 재정상태표일 현재의 적절한 환율로 평가한다.

③ 융자보조원가충당금은 융자사업에서 발생한 융자금 원금과 추정 회수가능액의 현재가치와의 차액으로 평가하며, 보증충당부채는 보증채무불이행에 따른 추정 순현금유출액의 현재가치로 평가한다.

④ 미래예상거래의 현금흐름변동위험을 회피하는 파생상품 계약에서 발생하는 평가손익은 발생한 시점의 재정운영결과에 반영한다.

16. 『지방자치단체 회계기준에 관한 규칙』에 대한 설명으로 옳지 않은 것은?

① 재정상태표상 부채는 유동부채, 장기차입부채 및 기타유동부채로 분류한다.

② 순자산은 기본순자산, 적립금 및 잉여금 및 순자산조정으로 분류한다.

③ 재무제표는 지방회계기준에 따라 작성하여야 하고, 「공인회계사법」에 따른 공인회계사의 검토의견을 첨부하여야 한다.

④ 현금흐름표는 회계연도 동안의 현금자원의 변동에 관한 정보로서 자금의 원천과 사용결과를 표시하는 재무제표로서 경상활동, 투자활동 및 재무활동으로 구성된다.

17. (주)한국의 기초재고자산은 ₩100,000, 당기매입액은 ₩1,000,000이다. (주)한국의 20×1년 기말재고자산에 대한 자료가 다음과 같을 때, (주)한국이 20×1년에 인식할 총비용은? 단, (주)한국은 단일 제품만을 생산·판매하고 있으며, 기초재공품과 기말재공품은 없다.

품목 (수량)	단위당 취득원가	단위당 판매가격	단위당 추정판매비	현행 대체원가
제품 A (10개)	₩10,000	₩11,000	₩500	₩9,000
원재료a (10kg)	₩2,000	₩1,500	₩0	₩1,800

① ₩980,000   ② ₩982,000

③ ₩990,000   ④ ₩1,000,000

18. 자본에 대한 다음의 설명 중 옳지 않은 것은?

① 상환우선주의 보유자가 발행자에게 상환을 청구할 수 있는 권리를 보유하고 있는 경우, 이 상환우선주는 자본으로 분류하지 않는다.

② 자기주식을 취득원가보다 낮은 금액으로 매각한 경우 자기주식처분손실이 발생하며 재무상태표에 자본조정으로 계상한다.

③ 감자 시 주주에게 지급하는 대가가 감소하는 주식의 액면금액보다 적을 때에는 차액을 감자차익으로 기록한다.

④ 결손을 보전하기 위한 목적으로 형식적 감자를 실시하는 경우 자본금이 감소하며, 감자차익 또는 감자차손이 발생할 수 있다.

19. 다음은 (주)한국의 20×1년 현금흐름표를 작성하기 위한 자료의 일부이다.

계정과목	기초	기말
기계장치	₩200	₩250
감가상각누계액	₩(50)	₩(80)

당기 중 취득원가가 ₩50, 감가상각누계액이 ₩20인 기계장치를 처분하면서 유형자산처분손실 ₩5이 발생하였다. 기계장치와 관련하여 (주)한국의 당기 현금흐름표에 표시될 투자활동 현금흐름(순액)은 얼마인가?

① 순유입 ₩70 ② 순유입 ₩75

③ 순유출 ₩70 ④ 순유출 ₩75

20. (주)한국은 창원공장에서 두 가지 제품(G엔진, H엔진)을 생신하고 있다. 이 제품들에 대한 정보는 다음과 같다. 엔진의 생산은 조립부문과 검사부문을 거쳐서 완성된다. 하루 최대생산능력은 조립부문 600기계시간, 검사부문 120검사시간이고, 단기적으로 추가적인 생산능력의 확장은 불가능하다. 판매는 생산하는 대로 가능하다. G엔진 한 대를 만들기 위해서는 2기계시간과 1검사시간이 소요되고, H엔진은 5기계시간과 0.5검사시간이 소요된다. (주)한국이 제한된 생산능력 하에서, 영업이익을 극대화하기 위해 하루에 생산해야 할 각 제품의 수량은?

	G엔진	H엔진
• 단위당 판매가격	₩8,000,000	₩10,000,000
• 단위당 변동원가	₩5,600,000	₩6,250,000
• 단위당 공헌이익	₩2,400,000	₩3,750,000
• 공헌이익률	30%	37.5%

① G엔진 25대, H엔진 110대

② G엔진 75대, H엔진 90대

③ G엔진 90대, H엔진 60대

④ G엔진 90대, H엔진 84대

1. 재무제표 표시의 일반사항에 관한 설명으로 옳지 않은 것은?

① 재고자산평가충당금과 대손충당금과 같은 평가충당금을 차감하여 관련 자산을 순액으로 측정하는 것은 상계표시에 해당한다.

② 한국채택국제회계기준이 달리 허용하거나 요구하는 경우를 제외하고는 당기 재무제표에 보고되는 모든 금액에 대해 전기 비교정보를 표시한다.

③ 기업은 현금흐름 정보를 제외하고는 발생기준 회계를 사용하여 재무제표를 작성한다.

④ 부적절한 회계정책은 이에 대하여 공시나 주석 또는 보충 자료를 통해 설명하더라도 정당화될 수 없다.

2. 유용한 재무정보의 질적 특성에 관한 설명으로 옳지 않은 것은?

① 재무정보가 예측가치를 갖기 위해서 그 자체가 예측치 또는 예상치일 필요는 없다.

② 오류가 없는 서술이란 현상의 기술에 오류나 누락이 없고, 서술의 모든 면이 완벽하게 정확하다는 것을 의미한다.

③ 목적적합하고 충실하게 표현된 정보의 유용성을 보강시키는 질적 특성으로는 비교가능성, 검증가능성, 적시성 및 이해가능성이 있다.

④ 보강적 질적특성을 적용하는 것은 어떤 규정된 순서를 따르지 않는 반복적인 과정이다.

3. (주)대한의 20×9년도 재고자산의 매입과 매출에 관한 자료는 아래의 표와 같다.

일 자	적 요	수 량	단 가*	금 액
1월 1일	기초재고	10개	₩10	₩100
2월 3일	매입	40개	25	1,000
5월 8일	매출	(50개)	40	2,000
7월 3일	매입	50개	18	900
9월 9일	매출	(30개)	50	1,500

* 매입 시 매입단가, 매출 시 판매단가를 의미함

(주)대한은 재고자산의 단위원가를 실지재고조사법에 따라 20×9년 말에 가중평균법을 사용하여 결정한다. (주)대한의 20×9년도 매출총이익은 얼마인가? (20×9년 말 기말재고 실사결과 장부상 재고와 일치한다.)

① ₩1,600   ② ₩1,900

③ ₩2,200   ④ ₩2,500

4. (주)관세의 20×1년의 기초 미지급이자는 ₩200이고, 기말 미지급이자는 ₩250이다. 20×1년도 이자비용이 ₩6,000이라면, (주)관세가 20×1년에 현금으로 지급한 이자액은?

① ₩5,800   ② ₩5,950

③ ₩6,000   ④ ₩6,050

5. 충당부채 회계처리에 관한 설명으로 옳지 않은 것은?

① 미래의 예상 영업손실은 충당부채로 인식한다.
② 충당부채는 최초 인식과 관련 있는 지출에만 사용한다.
③ 예상되는 자산 처분이익은 충당부채를 측정하는 데 고려하지 아니한다.
④ 충당부채로 인식하는 금액은 현재의무를 보고기간 말에 이행하기 위하여 필요한 지출에 대한 최선의 추정치이어야 한다.

6. 유동비율이 0.8인 상태에서 재고자산(원가 ₩100,000)을 ₩150,000에 현금판매하였다면 이 거래가 당좌비율과 유동비율에 미치는 영향은?

	당좌비율	유동비율
①	증가	증가
②	감소	증가
③	불변	불변
④	증가	감소

7. (주)관세는 20×1년 4월 1일 제품제조에 필요한 기계장치를 ₩780,000에 취득(잔존가치 ₩30,000, 내용연수 5년)하여 연수합계법으로 감가상각한다. 동 기계장치와 관련하여 20×2년 12월 31일 재무상태표에 보고할 감가상각누계액은? (단, 감가상각은 월할 계산한다.)

① ₩384,000 ② ₩400,000
③ ₩416,000 ④ ₩450,000

8. (주)광주는 20×1년 초에 액면가액 ₩100,000(액면이자율 연 10%, 만기 3년, 매년 말 이자지급조건)인 사채를 발행하였다. 이 회사는 사채발행차금을 유효이자율법으로 회계처리하고 있다. 사채발행일의 시장이자율은 연 12%라고 할 때, (주)광주가 동 사채와 관련하여 3년간 포괄손익계산서에 인식할 총이자비용은 얼마인가? (단, 사채발행일의 시장이자율과 유효이자율은 일치한다.)

기간	기간 말 ₩1의 현재가치		정상연금 ₩1의 현재가치	
	10%	12%	10%	12%
1	0.91	0.89	0.91	0.89
2	0.83	0.80	1.74	1.69
3	0.75	0.71	2.49	2.40

① ₩25,000 ② ₩30,000
③ ₩35,000 ④ ₩36,000

9. 「국가회계기준에 관한 규칙」상 중앙관서 또는 기금의 재정운영표에 대한 설명으로 옳지 않은 것은?

① 재정운영표는 회계연도 동안 수행한 정책 또는 사업의 원가와 재정운영에 따른 원가의 회수명세 등을 포함한 재정운영결과를 나타내는 재무제표를 말한다.
② 프로그램순원가는 프로그램총원가에서 프로그램수익을 빼서 표시한다.
③ 관리운영비는 프로그램의 운영에 직접적으로 소요되지는 않으나 국가회계실체의 기본적인 기능수행 및 특정 프로그램의 행정운영과 관련된 인건비와 경비이다.
④ 비배분수익은 직접적인 반대급부 없이 발생하는 국세, 부담금, 기부금, 무상이전 및 제재금 등의 수익이다.

10. 다음은 기금회계만으로 구성된 중앙관서 A부처의 20×1년 재무제표 작성을 위한 자료이다. (단, 아래 이외의 다른 거래는 없다)

> • 20×1년 프로그램 총원가는 ₩500,000이며, 프로그램수익은 ₩200,000이다.
> • 20×1년 관리운영비 ₩100,000이 발생하였다.
> • 20×1년 사업과 관련이 없는 이자비용 ₩10,000과 자산처분이익 ₩50,000이 발생하였다.
> • 20×1년 부담금수익은 ₩100,000, 채무면제이익은 ₩200,000이 발생하였다.

20×1년 중앙관서 A부처의 재정운영표상 재정운영순원가와 재정운영결과를 바르게 연결한 것은?

	재정운영순원가	재정운영결과
①	₩60,000	₩360,000
②	₩300,000	₩360,000
③	₩360,000	₩60,000
④	₩360,000	₩360,000

11. (주)서울은 20×1년 말 영업활동에 사용 중인 건물을 재평가하여 ₩40,000의 재평가이익이 발생하였다. 건물재평가가 20×1년 재무제표에 미치는 영향으로 옳은 것은? (단, 20×1년 초 재평가잉여금의 잔액은 있다.)

① 당기순이익이 ₩40,000 증가한다.
② 이익잉여금이 ₩40,000 증가한다.
③ 자본에는 영향을 미치지 않으며 총포괄손익이 ₩40,000 증가한다.
④ 기타포괄손익이 ₩40,000 증가한다.

12. (주)관세는 20×3년에 회계기록을 검토하던 중 20×1년 기말재고자산은 ₩500 그리고 20×2년 기말재고자산은 ₩1,000이 각각 과소평가되었음을 확인하였다. 이러한 재고자산 평가의 오류가 20×1년과 20×2년 당기순이익에 미친 영향은?

	20×1년	20×2년
①	₩500 과대	₩500 과대
②	₩500 과대	₩1,000 과소
③	₩500 과대	₩1,000 과대
④	₩500 과소	₩500 과소

13. 다음은 20×1년 (주)관세의 기계가동시간과 윤활유원가에 대한 일부 자료이다.

분기	기계가동시간	윤활유원가
1	5,000시간	₩260,000
2	4,000시간	₩210,000
3	6,000시간	₩250,000

20×1년 4분기에 기계가동시간은 5,500시간으로 예상된다. 고저점법을 이용하여 원가를 추정할 때 20×1년 4분기의 윤활유원가는 얼마로 추정되는가?

① ₩220,000 ② ₩230,000
③ ₩240,000 ④ ₩250,000

14. (주)관세는 종합원가계산을 채택하고 있으며, 제품 생산 관련 정보는 다음과 같다.

• 기초재공품수량	1,000개(완성도 60%)
• 당기착수량	2,000개
• 당기완성품수량	2,400개
• 기말재공품수량	600개(완성도 50%)

직접재료는 공정 초에 모두 투입되고 전환(가공)원 가는 공정 전반에 걸쳐 균등하게 발생한다. 평균법과 선입선출법하의 완성품환산량에 관한 다음 설명 중 옳지 않은 것은?

① 평균법에 의한 직접재료원가의 완성품환산량은 3,000개이다.

② 선입선출법에 의한 직접재료원가의 완성품환산량은 2,000개이다.

③ 평균법에 의한 전환(가공)원가의 완성품환산량은 2,700개이다.

④ 선입선출법에 의한 전환(가공)원가의 완성품환산량은 2,200개이다.

15. 무형자산에 관한 설명으로 옳지 않은 것은?

① 내용연수가 비한정인 무형자산은 상각하지 아니한다.

② 내용연수가 유한한 무형자산의 상각대상금액은 내용연수동안 체계적인 방법으로 배분하여야 한다.

③ 무형자산은 물리적 실체는 없지만 식별가능한 비화폐성자산이다.

④ 최초에 비용으로 인식한 무형항목에 대한 지출은 그 이후에 기업의 회계정책변경의 경우에 한하여 무형자산의 원가로 인식할 수 있다.

16. (주)관세의 20×1년 당기손익-공정가치 측정 금융자산 관련 자료는 다음과 같다. 동 금융자산과 관련하여 (주)관세가 20×1년 인식할 당기손익은?

• 4월 1일: (주)한국의 주식 50주를 거래원가 ₩1,500을 포함하여 ₩41,500에 취득
• 6월 9일: 4월 1일 취득한 주식 중 30주를 주당 ₩900에 처분(처분시 거래원가는 없음)
• 12월 31일: (주)한국의 주당 공정가치는 ₩700임

① ₩1,000 손실   ② ₩500 손실

③ ₩0   ④ ₩1,000 이익

17. (주)관세는 20×1년 1월 1일 보통주(액면금액 ₩5,000) 1,000주를 주당 ₩6,000에 발행하여 회사를 설립하고, 20×1년 7월 1일 보통주(액면금액 ₩5,000) 1,000주를 주당 ₩7,000에 발행하는 유상증자를 실시하였다. 유상증자 과정에서 해당 거래와 직접적으로 관련된 원가 ₩500,000과 간접적으로 관련된 원가 ₩200,000이 발생하였다. (주)관세의 20×1년 12월 31일 재무상태표에 보고할 주식발행초과금은?

① ₩2,000,000   ② ₩2,300,000

③ ₩2,500,000   ④ ₩2,800,000

18. 광명(주)는 방위산업체로서 20X1년 7월 1일에 방위산업설비를 취득하는 과정에서 설비자금의 일부를 국고에서 보조받았다. 관련 정보가 다음과 같은 경우, 20X5년 1월 1일에 방위산업설비 처분시 유형자산처분이익은 얼마인가? (단, 유형자산은 원가모형을 적용하며, 감가상각은 월할계산한다.)

- 방위산업설비 : 취득원가 ₩4,000,000 (정액법 상각, 내용연수 5년, 잔존가치 ₩500,000)
- 국고보조금 ₩1,500,000을 20X1년 7월 1일에 전액 수령
- 방위산업설비를 20X5년 1월 1일에 ₩1,300,000에 처분

① ₩200,000 ② ₩250,000
③ ₩300,000 ④ ₩350,000

19. (주)관세는 제조간접원가를 직접노동시간에 따라 예정배부한다. 20×1년 예산 및 동년 3월의 자료가 다음과 같을 때 3월의 제조간접원가 실제발생액은?

- 연간 직접노동시간(예산)　　　3,800시간
- 연간 제조간접원가(예산)　　　₩190,000
- 3월 직접노동시간(실제)　　　450시간
- 3월 제조간접원가 배부차이　₩1,300(과대배부)

① ₩21,200 ② ₩22,500
③ ₩23,800 ④ ₩25,100

20. (주)관세는 당월 중 결합생산공정을 통해 결합제품 X와 Y를 생산한 후 각각 추가가공을 거쳐 모두 판매하였다. X와 Y의 단위당 추가가공원가는 각각 ₩150과 ₩100이며, 결합제품과 관련된 당월 자료는 다음과 같다.

구 분	제품 X	제품 Y
생산량	300단위	200단위
제품단위당 판매가격	₩500	₩250

이 공정의 당월 결합원가는 ₩75,000이며, 이를 균등매출총이익률법으로 배분한다면 당월 중 제품 X에 배분될 결합원가는 얼마인가?

① ₩15,000 ② ₩50,000
③ ₩60,000 ④ ₩105,000

1. 재무제표 표시에 관한 다음 설명 중 옳지 않은 것은?

① 확정급여제도의 재측정요소는 당기손익으로 재분류할 수 있다.

② 자산과 부채는 서로 상계하지 않으나 평가충당금을 차감한 관련 자산은 순액으로 측정이 가능하다.

③ 이연법인세자산(부채)은 유동자산(부채)으로 분류하지 아니한다.

④ 보고기간 후 12개월 이내에 결제하기로 되어 있다면 유동부채로 분류한다.

2. 재무보고를 위한 개념체계 중 목적적합하고 충실하게 표현된 정보의 유용성을 보강시키는 질적 특성에 대한 설명으로 가장 옳지 않은 것은?

① 다른 질적특성과 달리 비교가능성은 단 하나의 항목에 관련된 것이 아니다. 비교하려면 최소한 두 항목이 필요하다.

② 일관성은 비교가능성과 관련은 되어 있지만 동일하지는 않다.

③ 동일한 경제적 현상에 대해 대체적인 회계처리방법을 허용하면 비교가능성이 감소한다.

④ 재무정보가 예측가치를 갖기 위해서 그 자체가 예측치 또는 예상치일 필요는 없다.

3. 다음은 20X1년 중 ㈜대한의 자본거래이다. 20x1년 말 재무상태표상 자본 총계는?

1.1	보통주 300주(1주당 액면금액 ₩5,000)를 1주당 ₩6,000에 발행하여 회사를 설립하다.
3.1	자기주식 100주를 1주당 ₩7,000에 현금으로 취득하다.
5.1	위의 자기주식 중에서 50주는 1주당 ₩8,000에 현금으로 처분하고, 20주는 소각하다.
7.1	미처분이익잉여금 ₩200,000을 이익준비금으로 적립하다.
12.31	20X1년 ㈜대한의 당기순이익은 ₩1,000,000이며, 장부금액 ₩600,000의 기타포괄손익-공정가치 측정 금융자산을 공정가치 ₩700,000으로 평가하다.

① ₩2,400,000   ② ₩2,500,000

③ ₩2,600,000   ④ ₩2,700,000

4. (주)한국의 당기 영업활동으로 인한 현금흐름을 다음의 자료를 이용하여 구하시오. (단, 주어진 자료 이외는 고려하지 않는다.)

<재무상태표 자료>

과목	당기말	전기말
매출채권(순액)	₩260	₩300
건물	790	690
매입채무	100	80
미지급임대료	110	140

<손익계산서 자료>

당기순이익		₩2,000

① ₩1,920   ② ₩2,030

③ ₩2,120   ④ ₩2,130

5. 2022년 4월 20일 회사의 창고에 화재가 발생하여 보관 중인 모든 재고자산이 소실되었다. 기초부터 화재발생 직전까지 기록된 회사장부에 따르면 매출 ₩800,000, 매입 ₩720,000이며, 2022년 1월 1일의 기초재고는 ₩50,000이었다. 이 회사의 과거 3년 동안의 평균 매출총이익률은 30%이었다. 평균 매출총이익률이 금년도에도 유지되었다고 가정할 때 화재로 인한 재고자산의 손실액은 얼마인가?

① ₩210,000 ② ₩216,000

③ ₩240,000 ④ ₩266,000

6. (주)한국의 20x1년의 재무자료가 다음과 같을 때, (주)한국의 20x1년 말 자기자본 대비 부채비율은?

```
- 자산 ₩1,000
- 자산회전율 2회
- 매출액순이익률 5%
- 자기자본이익률(ROE) 25%
- 자산과 자본의 각각 기초와 기말금액은 동일
```

① 100% ② 150%

③ 200% ④ 300%

7. (주)한국은 20X1년 초에 기계장치-A(내용연수 4년, 잔존가치 ₩1,000, 정액법 상각)를 ₩5,000에 취득하였다. 기업환경의 변화로 인하여 회계담당자는 20X3년 초에 기계장치-A의 내용연수가 20X6년 말까지 연장될 것으로 추정을 변경함과 동시에 20X3년부터는 상각방법을 연수합계법으로 변경하기로 결정하였다. 이러한 회계변경의 타당성이 인정된다고 가정하였을 경우에 20X3년도에 회사가 인식할 기계장치 감가상각비의 금액은 얼마인가? 단, 회사의 결산일은 12월 31일이다.

① ₩500 ② ₩600

③ ₩800 ④ ₩1,200

8. (주)한국은 공장건물 신축공사를 20x1년 4월 1일에 개시하여 20x2년 9월 30일에 완료하였다. 신축 공사를 위해 지출된 금액과 차입금 관련 정보는 다음과 같으며, 특정차입금은 신축공사를 위한 목적으로 차입하였다. (주)한국이 공장건물 신축공사와 관련하여 20x1년에 자본화할 차입원가를 계산하시오. 단, 연평균 지출액과 이자비용은 월할로 계산한다.

날짜	지출액
20x1년 4월 1일	₩160,000
20x1년 10월 1일	₩80,000
20x2년 1월 1일	₩61,500

차입금 구분	차입금액	차입기간	연 이자율
특정차입금	₩120,000	20x1년 4월 1일 ~20x2년 9월 30일	5%
일반차입금	₩80,000	20x1년 7월 1일 ~20x2년 9월 30일	10%

① ₩7,500 ② ₩8,500

③ ₩9,500 ④ ₩10,500

9. (주)한국은 단일제품을 생산·판매하고 있으며 제품 단위당 판매가격은 ₩50이고 단위당 변동원가는 ₩35이다. 연간 고정원가는 ₩75,000일 때, 원가-조업도-이익 분석에 대한 설명으로 옳지 않은 것은?

① 공헌이익률은 70%이다.

② 손익분기점 판매량은 5,000단위이다.

③ 고정원가가 10% 감소하면, 손익분기점 판매량은 10% 감소한다.

④ 매출액이 ₩255,000이면, 안전한계는 ₩5,000이다.

10. 다음은 ㈜한국의 20x1년 기초 및 기말 재고자산 관련 자료이다.

구분	20x1년 1월 1일	20x1년 12월 31일
직접재료	₩ 44,000	₩ 20,000
재공품	₩ 48,000	₩ 30,000
제품	₩ 20,000	₩ 58,000

20x1년 중 직접재료 매입액은 ₩66,000이고, 가공원가는 ₩600,000이다. ㈜한국의 20x1년 매출원가는 얼마인가?

① ₩660,000
② ₩670,000
③ ₩690,000
④ ₩708,000

11. 자본에 대한 설명으로 옳지 않은 것은?

① 무상증자는 자본금을 증가시키지만, 주식병합은 자본금을 증가시키지 않는다.
② 현금배당의 경우 총자본은 감소하지만, 주식배당의 경우 총자본은 변하지 않는다.
③ 주식분할의 경우 총발행주식수가 증가하여 자본금이 증가한다.
④ 주식배당의 경우 이익잉여금이 감소한다.

12. 다음은 ㈜대한이 2022년 취득한 유가증권의 분류와 보유 현황을 나타낸 것이다. 이를 회계 처리한 결과에 대한 설명으로 옳은 것은?

- A 주식은 기타포괄손익-공정가치 측정 금융자산으로 선택하였다.
- B 주식은 당기손익-공정가치 측정 금융자산으로 분류하였다.
- 취득 및 처분 현황

구분	취득 내역			처분 내역			공정가치 (22.12.31)
	날짜	주식 수	취득 금액	날짜	주식 수	처분 금액	
A 주식	9/20	100	@9,000	11/15	50	@8,000	@8,000
B 주식	10/10	100	@13,000	-	-	-	@10,000

① A주식 처분 시 금융자산처분손실이 ₩50,000 발생한다.
② B주식 평가 시 금융자산평가이익이 ₩300,000 발생한다.
③ 2022년 말 재무상태표에 표시되는 기타포괄손익-공정가치 측정 금융자산은 ₩400,000이다.
④ 유가증권과 관련하여 ㈜대한의 2022년도 포괄손익계산서 상 당기순이익에 미치는 영향은 ₩400,000 감소이다.

13. ㈜한국은 단일의 원재료를 결합공정에 투입하여 두 가지 결합제품 A와 B를 생산하고 있으며, 균등이익률법을 사용하여 결합원가를 배부한다. 관련 자료가 다음과 같을 때 결합제품 A에 배부되는 결합원가는 얼마인가? 단, 균등매출총이익률은 20% 이며, 기초 및 기말재공품은 없는 것으로 가정한다.

제품	생산량	단위당 판매가격	추가가공원가 (총액)
A	500단위	₩60	₩8,000
B	400단위	₩50	₩6,000

① ₩10,000
② ₩12,000
③ ₩14,000
④ ₩16,000

14. 「지방자치단체 회계기준에 관한 규칙」에 대한 다음 설명 중 옳지 않은 것은?

① 유형별 회계실체는 지방자치단체의 회계구분에 따라 일반회계, 기타특별회계, 기금회계 및 지방공기업특별회계로 구분한다.

② 유형별 재무제표를 통합하여 작성하는 재무제표 중 재정운영표는 기능별 분류방식으로 작성하며, 성질별 재정운영표는 필수보충정보로 제공한다.

③ 자산은 유동자산, 투자자산, 일반유형자산, 사회기반시설, 무형자산 및 기타 비유동자산으로 구분하여 재정상태표에 표시한다.

④ 비교환거래로 생긴 수익은 직접적인 반대급부 없이 생기는 지방세, 보조금, 기부금 등으로서 해당수익에 대한 청구권이 발생하고 그 금액을 합리적으로 측정할 수 있을 때에 인식한다.

15. 「국가회계기준에 관한 규칙」과 「지방자치단체 회계기준에 관한 규칙」에 대한 다음 설명 중 옳지 않은 것은?

① 국가의 유산자산과 지방자치단체의 관리책임자산은 재정상태표 상 자산으로 인식하지 않는다.

② 국가와 지방자치단체는 회계실체 사이에 발생하는 관리전환(물품 소관의 전환)이 무상거래일 경우에는 자산의 장부가액을 취득원가로 하고, 유상거래일 경우에는 자산의 공정가액을 취득원가로 한다.

③ 국가 재정상태표에서는 순자산을 기본순자산, 적립금 및 잉여금, 순자산조정으로 구분하며, 지방자치단체 재정상태표에서는 순자산을 고정순자산, 특정순자산 및 일반순자산으로 분류한다.

④ 비교환수익(또는 일반수익)은 직접적인 반대급부 없이 발생하는 수익을 말하며, 행정형 회계의 비교환수익은 순자산변동표의 '재원의조달및이전'으로 표시하고, 사업형 회계의 비교환수익은 재정운영표의 '비교환수익 등'으로 표시한다.

16. 다음은 ㈜한국의 20×1년의 기말 재고자산에 관한 자료이다. ㈜한국은 계속기록법을 적용하고 20×1년 기초재고의 단위당 원가와 순실현가능가치는 동일하다고 가정하자. 20×1년말 현재 상품재고자산의 단위당 순실현가능가치가 ₩9이고, 실사를 통해 확인한 재고가 1,800개라면 ㈜한국의 20×1년 재고자산감모손실과 재고자산평가손실은 각각 얼마인가?

• 기말 재고자산의 취득원가	₩24,000
• 장부상 기말 재고자산 수량	2,000개
• 실사 기말 재고자산 수량	1,800개
• 20×1년말 재고자산의 단위당 순실현가능가치	₩9

	재고자산감모손실	재고자산평가손실
①	₩2,400	₩5,400
②	₩2,400	₩3,000
③	₩2,400	₩0
④	₩5,400	₩2,400

17. 사채의 발행과 관련한 설명으로 옳은 것은?

① 유효이자율법에 의해 사채발행차금을 상각할 때, 할인발행이나 할증발행의 경우 모두 기간이 경과할수록 사채발행차금의 상각액은 증가한다.

② 할인발행은 사채의 표시이자율보다 시장이 기업에게 자금 대여의 대가로 요구하는 수익률이 낮은 상황에서 발생한다.

③ 할인발행의 경우 발행 기업이 인식하는 이자비용은 기간이 경과할수록 매기 감소한다.

④ 할증발행의 경우 발행 기업은 매기 현금이자 지급액보다 많은 이자비용을 인식한다.

18. ㈜한국은 종합원가계산을 채택하고 있다. 직접재료는 공정 초에 전량 투입되고, 가공원가(선환원가)는 전체 공정에 걸쳐 균등하게 발생한다. 20x1년 기초재공품은 6,000단위(가공원가 완성도: 40%), 완성품은 20,000단위, 기말재공품은 5,000단위(가공원가 완성도: 80%)이다. 평균법과 선입선출법을 적용하여 완성품환산량을 계산하는 경우 20x1년 가공원가 완성품환산량 차이는?

① 평균법이 2,400단위 더 작다.
② 평균법이 2,400단위 더 크다.
③ 선입선출법이 3,600단위 더 작다.
④ 선입선출법이 3,600단위 더 크다.

19. ㈜한국의 20×1년과 20×2년의 법인세비용차감전순이익은 각각 ₩10,000,000이다. 법인세 적용세율은 20%이며 미래에도 동일한 세율이 유지된다. 법인세 관련 자료는 다음과 같다.

> • 20x1년에 퇴직급여한도초과액 ₩1,000,000이 발생하였으며, 당해 한도초과액은 20×2년과 20×3년에 ₩500,000씩 손금으로 추인되었다.
> • 20x1년과 20×2년의 접대비한도초과액은 각각 ₩300,000과 ₩500,000이다.
> • 다른 일시적차이는 없으며, 미래에 충분한 과세소득이 발생할 것으로 예상된다.

㈜한국의 20×2년 법인세비용은 얼마인가?

① ₩2,000,000   ② ₩2,060,000
③ ₩2,100,000   ④ ₩2,260,000

20. ㈜한국은 확정급여제도를 운영하고 있으며, 관련 자료는 다음과 같다. 확정급여채무 게신시에 적용하는 할인율은 연 10%이며 이 할인율은 변동이 없다.

> • 20x1년 1월 1일 사외적립자산의 공정가치: ₩100,000
> • 20x1년 1월 1일 확정급여채무의 현재가치: ₩110,000
> • 20x1년 중 당기근무원가: ₩30,000
> • 20x1년 중 퇴직금 지급(사외적립자산으로부터): ₩20,000
> • 20x1년 말 사외적립자산에 출연: ₩15,000

㈜한국의 20x1년 말 재무상태표에 표시될 순확정급여부채는 얼마인가? 단, 확정급여채무와 사외적립자산에서 발생하는 재측정요소는 없다고 가정한다.

① ₩15,000   ② ₩26,000
③ ₩100,000   ④ ₩105,000

1. '재무제표의 표시'에서 제시한 '일반사항'에 대한 설명으로 옳지 않은 것은?

① 경영활동을 중단할 의도를 가진 경우에도 재무제표는 계속기업을 전제로 작성된다.

② 회계기준의 요구에 따라 공시되는 정보가 중요하지 않다면 그 공시를 제공할 필요는 없다.

③ 기업은 현금흐름 정보를 제외하고는 발생기준 회계를 사용하여 재무제표를 작성한다.

④ 회계기준에 따라 작성된 재무제표(필요에 따라 추가 공시한 경우 포함)는 공정하게 표시된 재무제표로 본다.

2. 다음 자료를 이용할 때, 실물자본유지개념 관점에서 (주)한국의 당기손익은?

- (주)한국은 기초 설립자산 현금 ₩1,000으로 영업을 시작하였다.
- 기초에 상품A를 단위당 ₩200에 5개를 매입하고, 기중에 4개를 단위당 ₩250에 판매하였다.
- 당기 말 자산은 현금 ₩1,000과 상품A 1개이다.
- 당기 말 상품A의 현행원가 ₩300, 판매가 ₩400
- 당기 일반물가인상률 10%

① 손실 ₩200　　② 손실 ₩100
③ 이익 ₩300　　④ 이익 ₩400

3. (주)한국의 20×1년도 회계자료 중 일부인 다음 자료를 이용할 때, (주)한국의 20×1년 말 재무상태표에 보고될 매출채권은?

• 기초상품재고	₩240
• 기말상품재고	220
• 매출총이익	180
• 매출채권회수액	520
• 당기상품매입액	400
• 당기현금매출액	100
• 기초매출채권	160

① ₩120　　② ₩140
③ ₩160　　④ ₩180

4. 재무상태표의 기타포괄손익누계액 항목 중 후속적으로 당기손익으로 재분류조정 될 수 없는 항목은?

① 기타포괄손익공정가치측정(FVOCI) 채무상품 평가손익

② 기타포괄손익공정가치측정(FVOCI)으로 선택한 지분상품 평가손익

③ 해외사업장의 재무제표 환산으로 인한 외화환산손익

④ 현금흐름위험회피 파생상품의 평가손익 중 위험회피에 효과적인 부분

5. (주)한국은 20×1년에 영업을 시작하였으며, 정상원가계산을 적용하고 있다. 다음은 (주)한국의 20×1년 배부차이를 조정하기 전의 제조간접원가 계정과 기말재공품, 기말제품 및 매출원가에 관한 자료이다.

제조간접원가	
100,000	120,000

구분	기말재공품	기말제품	매출원가
금액	₩200,000	₩300,000	₩500,000

제조간접원가의 배부차이를 총원가비례배분법으로 회계처리하는 경우, 배부차이 조정 후 매출원가는?

① ₩480,000　　② ₩490,000
③ ₩510,000　　④ ₩520,000

6. (주)한국의 20×1년 재무상태표 상 현금및현금성자산은 ₩8,000이고, 모든 유동자산 자료가 다음과 같을 때, 20×1년 말 (주)한국의 당좌예금은?

국내통화	₩200	우편환	₩500
수입인지	₩400	당좌예금	₩?
보통예금	₩300		
양도성예금증서(20×1년 11월1일 취득, 20×1년 9월 1일 발행 만기 6개월) ₩600			

① ₩5,800
② ₩6,100
③ ₩6,400
④ ₩7,000

7. 「국가회계기준에 관한 규칙」상 '자산과 부채의 평가'에 대한 설명으로 옳지 않은 것은?

① 일반유형자산은 해당 자산의 건설원가 또는 매입가액에 부대비용을 더한 금액을 취득원가로 하고, 객관적이고 합리적인 방법으로 추정한 기간에 정액법(定額法) 등을 적용하여 감가상각한다.

② 무형자산은 정액법에 따라 해당 자산을 사용할 수 있는 시점부터 합리적인 기간 동안 상각한다. 이 경우 상각기간은 독점적·배타적인 권리를 부여하고 있는 관계 법령이나 계약에서 정한 경우를 제외하고는 20년을 초과할 수 없다.

③ 국채는 국채발행수수료 및 발행과 관련하여 직접 발생한 비용을 뺀 발행가액으로 평가한다.

④ 우발부채는 의무를 이행하기 위하여 경제적 효익이 있는 자원이 유출 가능성이 매우 높은 경우 주석에 공시한다.

8. (주)한국은 20×1년 중 증권시장에서 주식A와 주식B를 취득한 후, 20×3년 중 모두 처분하였다. 주식 거래가액 및 보유 기간 중 공정가치가 다음과 같을 때, 두 주식을 모두 당기손익공정가치측정(FVPL)금융자산으로 분류한 경우와 기타포괄손익공정가치측정(FVOCI)금융자산으로 분류한 경우, 각 분류 방법에 따른 (주)한국의 20×3년 당기손익의 차이는?

주식	20×1년 중 취득원가	20×1년말 공정가치	20×2년말 공정가치	20×3년 중 처분가 (공정가치)
A	₩200	₩160	₩240	₩260
B	400	600	500	360

① ₩80
② ₩100
③ ₩120
④ ₩140

9. (주)한국은 영업활동에 사용할 목적으로 20×1년 초 기계장치A(취득원가 ₩200, 내용연수 5년, 잔존가치 ₩0, 원가모형 적용)를 취득했으며, 감가상각방법으로 정액법을 이용한다. 기계장치A 관련 측정 자료가 다음과 같을 때, (주)한국이 인식할 20×2년 말 기계장치A 관련 손상차손 또는 손상차손환입은? (단, 회수가능액의 변동은 기계장치의 손상 또는 그 회복에 의한 것이다)

시점	공정가치	처분부대원가	사용가치
20×1년 말	₩110	₩30	₩120
20×2년 말	160	20	80

① 손상차손 ₩10
② 손상차손 ₩20
③ 손상차손환입 ₩30
④ 손상차손환입 ₩50

10. (주)한국은 재고자산의 가격결정방법으로 선입선출을 가정한 소매재고법(매출가격환원법)을 사용하고 있으며, 선입선출소매재고법 원가율은 60%이다. 다음 자료를 이용할 때, (주)한국의 당기 매출총이익은?

• 기초재고 원가	₩100
• 당기매입 원가	600
• 판매가 순인상액	200
• 순매출액	900
• 기초재고 판매가	400
• 당기매입 판매가	?
• 판매가 순인하액	100

① ₩200
② ₩300
③ ₩400
④ ₩500

11. 운송업체인 (주)한국은 20×1년 초 수송기로 사용되던 중고 항공기A(공정가치 ₩1,000, 잔존 내용연수 4년, 잔존가치 ₩400)와 신형 여객용 항공기B(공정가치 ₩2,000, 내용연수 12년, 잔존가치 ₩400)를 ₩2,400에 일괄 매입하였다. (주)한국은 항공기A를 수리하여 여객용으로 교체(자산인식요건 충족, 내용연수 및 잔존가치 변화 없음)하고, 항공기B는 시운전 후, 두 항공기 모두 20×1년 초부터 영업에 사용하였다.

20×1년 두 항공기의 취득과정에서 발생한 원가 또는 비용이 다음과 같을 때, (주)한국의 20×1년 말 항공기A의 장부가액은? (단, (주)한국은 유형자산의 감가상각방법으로 연수합계법을 사용한다)

• 항공기A 취등록세	₩200
• 항공기A 재산세	1,500
• 항공기A 여객용 교체	400
• 항공기B 취등록세	₩500
• 항공기B 재산세	200
• 항공기B 시운전	200
• 항공기A 취득과정운반((주)한국이 부담)	₩200

① ₩1,080
② ₩1,120
③ ₩1,240
④ ₩1,360

12. '재무제표 표시'의 부채에 대한 설명으로 옳지 않은 것은?

① 매입채무 그리고 종업원 및 그 밖의 영업원가에 대한 미지급비용과 같은 유동부채는 기업의 정상영업주기 내에 사용되는 운전자본의 일부이다. 이러한 항목은 보고 기간 후 12개월 후에 결제일이 도래한다 하더라도 유동부채로 분류한다.

② 원래의 결제기간이 12개월을 초과하는 경우 및 보고 기간 후 재무제표 발행승인일 전에 장기로 차환하는 약정 또는 지급기일을 장기로 재조정하는 약정이 체결된 경우라 하더라도 금융부채가 보고기간 후 12개월 이내에 결제일이 도래하면 이를 유동부채로 분류한다.

③ 보고기간 말 이전에 장기차입약정을 위반했을 때 대여자가 즉시 상환을 요구할 수 있는 채무는 보고기간 후 재무제표 발행승인일 전에 채권자가 약정위반을 이유로 상환을 요구하지 않기로 합의하더라도 비유동부채로 분류한다.

④ 기업이 기존의 대출계약조건에 따라 보고기간 후 적어도 12개월 이상 부채를 차환하거나 연장할 것으로 기대하고 있고, 그런 재량권이 있다면, 보고기간 후 12개월 이내에 만기가 도래한다 하더라도 비유동부채로 분류한다. 그러나 기업에게 부채의 차환이나 연장에 대한 재량권이 없다면 차환가능성을 고려하지 않고 유동부채로 분류한다.

13. (주)한국은 20×1년 초에 설립되어 냉장고를 제조 및 판매하는 회사이며, 판매 후 냉장고에 하자가 있는 경우 2년간 무상으로 보증수리를 제공하는 정책을 시행하고 있다. 보증수리비용은 대당 ₩200으로 추정하고 있으며, 판매수량의 30%에서 판매 이후 2년간 하자가 발생할 것으로 예상하고 있다. 다음 자료를 이용하여 20×1년 말 (주)한국의 재무상태표상 제품보증충당부채로 계상할 금액은? (단, (주)한국은 제품판매에 따른 보증수리용역을 제품의 판매와 구분할 수 없는 단일의 수행의무로 판단하여 회계처리하고 있으며, 냉장고 판매 및 보증비 지출은 모두 현금거래이다)

	판매수량	단위당 판매가격	실제 보증비지출액
20×1년	1,000개	₩500	₩10,000
20×2년	1,100개	600	12,000

① ₩66,000 ② ₩54,000

③ ₩50,000 ④ ₩48,000

14. (주)한국의 20×1년 초 현재 자본내역은 보통주자본금(액면 ₩1,000) ₩1,000,000, 주식발행초과금 ₩40,000, 감자차익 ₩10,000, 이익잉여금 ₩700,000으로 구성되어 있다. 20×1년에 발생한 거래가 다음과 같다면, (주)한국의 20×1년 말 재무상태표에 계상될 자본총액은? (단, 20×1년 초 자기주식과 자기주식처분손익 잔액은 ₩0이다)

3월 21일	자기주식 20주를 주당 ₩2,000에 취득하였다.
4월 15일	자기주식 10주를 주당 ₩500에 취득하였다.
6월 25일	3월에 취득한 자기주식 10주를 주당 ₩2,500에 처분하였다.
9월 10일	3월에 취득한 자기주식 10주를 주당 ₩1,500에 처분하였다.
11월 20일	보유하고 있는 자기주식 모두를 소각하였다.
12월 31일	당기순이익 ₩200,000을 보고하였다.

① ₩1,935,000 ② ₩1,945,000

③ ₩1,955,000 ④ ₩1,965,000

15. (주)한국은 20×1년 중에 취득원가 ₩300,000의 설비자산을 구입하였고, 취득원가 ₩280,000(장부금액 ₩250,000)의 설비자산을 ₩260,000에 처분하였다. (주)한국의 모든 유형자산의 취득 및 처분 거래는 현금거래이고, 설비자산 및 감가상각누계액의 관련 자료가 다음과 같을 때, 20×1년 말 설비자산과 관련하여 (주)한국의 당기 현금흐름표에 표시될 투자활동 순현금흐름은? (단, (주)한국은 유형자산에 대해 원가모형을 적용하고 있으며, 손상차손은 없다)

	20×1년 초	20×1년 말
설비자산	₩600,000	₩620,000
감가상각누계액	(120,000)	(110,000)

① 현금유입 ₩10,000 ② 현금유출 ₩10,000

③ 현금유입 ₩40,000 ④ 현금유출 ₩40,000

16. (주)한국은 표준원가계산제도를 채택하고 있다. 20×1년 직접재료원가와 관련된 표준 및 실제원가 자료가 다음과 같을 때, 20×1년의 실제 제품생산량은?

• 제품단위당 직접재료 표준투입량	5kg
• 직접재료원가 실제 발생액	₩81,000
• 직접재료 단위당 실제구입원가	₩90
• 직접재료원가 가격차이	₩9,000(유리)
• 직접재료원가 능률차이	₩10,000(유리)

① 220단위 ② 200단위
③ 180단위 ④ 160단위

17. (주)한국은 20×1년에 영업을 시작하여 단일제품을 생산·판매하고 있는데, 단위당 판매가격은 ₩200이다. 20×1년에 제품 1,000단위를 생산하여 800단위를 판매하였다. 제품과 관련된 원가자료가 다음과 같을 때, 전부원가계산과 변동원가계산에 의한 기말재고자산의 차이는?

단위당 변동제조원가	₩100
직접재료원가 실제 발생액	₩20
총고정제조간접원가	₩40,000
총고정판매관리비	₩15,000

① ₩8,000 ② ₩9,000
③ ₩10,000 ④ ₩11,000

18. 회계변경에 대한 설명으로 옳지 않은 것은?

① 기업은 한국채택국제회계기준에서 회계정책의 변경을 요구하는 경우이거나 회계정책의 변경을 반영한 재무제표가 거래, 기타 사건 또는 상황이 재무상태, 재무성과 또는 현금흐름에 미치는 영향에 대하여 신뢰성 있고 더 목적적합한 정보를 제공하는 경우에는 회계정책을 변경할 수 있다.

② 과거에 발생한 거래와 실질이 다른 거래, 기타 사건 또는 상황에 대하여 다른 회계정책을 적용하는 경우와 과거에 발생하지 않았거나 발생하였어도 중요하지 않았던 거래, 기타 사건 또는 상황에 대하여 새로운 회계정책을 적용하는 경우는 회계정책의 변경에 해당하지 아니한다.

③ 추정의 근거가 되었던 상황의 변화, 새로운 정보의 획득, 추가적인 경험의 축적이 있는 경우 추정의 수정이 필요할 수 있다. 성격상 추정의 수정은 과거기간과 연관되지 않으며 오류수정으로 보지 아니한다.

④ 측정기준의 변경은 회계추정의 변경이 아니라 회계정책의 변경에 해당한다. 회계정책의 변경과 회계추정의 변경을 구분하는 것이 어려운 경우에는 이를 회계정책의 변경으로 본다.

19. (주)한국의 20×1년 매출액은 ₩500,000, 총고정원가는 ₩160,000, 공헌이익률은 40%이며, 법인세율은 30%이다. 다음 설명 중 옳지 않은 것은? (단, 기초재고와 기말재고는 동일하다)

① 안전한계율은 25%이다.
② 영업레버리지도는 5이다.
③ 세후 영업이익은 ₩28,000이다.
④ 손익분기점 매출액은 ₩400,000이다.

20. 「국가회계기준에 관한 규칙」에 대한 설명으로 옳지 않은 것은?

① 재무제표는 해당 회계연도분과 직전 회계연도분을 비교하는 형식으로 작성한다.
② 재정운영표의 모든 수익과 비용은 발생주의 원칙에 따라 거래나 사실이 발생한 기간에 표시한다.
③ 재무제표는 재정상태표, 재정운영표, 순자산변동표로 구성하되, 재무제표에 대한 주석을 포함한다.
④ 회계처리와 재무제표 작성을 위한 계정과목과 금액은 그 중요성에 따라 실용적인 방법으로 결정하여야 한다.

1. 다음은 제조업을 영위하는 (주)한국의 거래와 이를 분개하여 전기한 총계정원장을 나타낸 것이다. (가)에 들어갈 계정과목과 (나)의 금액으로 옳은 것은?

[거래]

1월 2일 토지를 ₩3,000,000에 구입하고 대금은 현금으로 지급하다.

12월 2일 위 토지 전부를 ₩3,400,000에 처분하고 대금은 1년 뒤에 수령하기로 하였다.

[총계정원장]

현금

| 전기이월 | 5,000,000 | 토지 | 3,000,000 |

토지

| 현금 | 3,000,000 | (가) | 3,000,000 |

(가)

| 토지 유형자산 처분이익 | 3,000,000 (나) | | |

유형자산처분이익

| | | (가) | (나) |

	(가)	(나)
①	미수금	₩300,000
②	미수수익	₩300,000
③	미수금	₩400,000
④	매출채권	₩400,000

2. 20×1년 3월 31일 (주)한국은 (주)수원의 주주에게 주당 시가 ₩300인 자사의 주식 1,000주를 발행하여 주고 (주)수원을 합병하였다. 합병 당시 (주)수원의 자산과 부채의 장부금액은 각각 ₩400,000과 ₩220,000이었다. 합병 당시 (주)수원의 유형자산의 공정가치가 장부금액보다 ₩50,000 높은 것을 제외하고 나머지 자산과 부채의 장부금액과 공정가치는 동일하였다. 이 거래와 관련하여 (주)한국이 영업권으로 기록할 금액은 얼마인가?

① ₩50,000 ② ₩60,000
③ ₩70,000 ④ ₩80,000

3. 다음은 (주)한국의 20×1년말 재무비율 분석자료의 일부이다. (주)한국의 20×1년 매출원가는 얼마인가? (주)한국의 유동자산은 당좌자산과 재고자산만으로 구성되어 있다.

• 유동비율	300%
• 당좌비율	180%
• 재고자산회전율	8회
• 20×1년말 유동부채	₩5,000
• 20×1년초 재고자산	₩4,000

① ₩36,000 ② ₩38,000
③ ₩40,000 ④ ₩42,000

4. (주)수지유통의 2기(2022.1.1.~12.31)의 재고자산 거래와 관련한 자료가 다음과 같을 경우에 기말 현재 재무상태표에 보고될 기말재고자산 금액을 계산하면 얼마인가? 단, 시가 하락은 없었다고 가정한다.

기말실사 원가	₩83,000	
미착상품 원가	25,000	도착지인도조건으로 매입
시송품 원가	20,000	고객이 매입의사를 표시할 금액에 대한 합리적 예측 불가
적송품 원가	80,000	고객에게 40% 판매

① ₩126,000 ② ₩131,000
③ ₩151,000 ④ ₩183,000

5. 자본에 대한 설명으로 옳지 않은 것은?

① 무상증자는 자본금을 증가시킨다.
② 주식분할의 경우 발행주식수가 증가하여 자본금이 증가한다.
③ 유상증자는 자본총계를 증가시킨다.
④ 주식배당은 자본금을 증가시킨다.

6. ㈜한국은 20x1년 초에 상품을 판매하기로 고객과 계약을 체결하였다. 상품에 대한 통제는 2년 경과 후에 고객에게 이전되며, 수행의무는 한 시점에 이행된다. 계약에 따르면 ㈜한국은 20x1년 초에 ₩1,000을 수령하고 20x2년 말에 재화를 이전한다. 해당 거래에 적용되는 내재이자율은 연 10%이다. ㈜한국이 20x2년에 이전할 상품의 원가가 ₩500인 경우, 동 거래가 20x2년 당기순이익에 미치는 영향은 얼마인가? 단, 계산금액은 소수점 첫째자리에서 반올림하며, 단수차이로 인해 오차가 있으면 가장 근사치를 선택한다.

① ₩500 ② ₩580
③ ₩600 ④ ₩710

7. 「재무보고를 위한 개념체계」 상의 자산과 관련된 설명으로 옳지 않은 것은?

① 자산은 과거사건의 결과로 기업이 통제하는 현재의 경제적자원이며, 경제적자원은 경제적효익을 창출할 잠재력을 지닌 권리이다.
② 자산의 인식을 위해서 당해 자산을 통제할 수 있는 법률적 권리를 반드시 가지고 있어야 한다.
③ 잠재력이 있기 위해 권리가 경제적효익을 창출할 것이라고 확신하거나 그 가능성이 높아야 하는 것은 아니다.
④ 지출의 발생과 자산의 취득은 밀접하게 관련되어 있으나 양자가 반드시 일치하는 것은 아니다.

8. ㈜한국은 20×0년도 중에 공사를 시작하여 20×1년말에 건물을 완공하였으며, 건물 건설을 위한 20×1년도 연평균지출액은 ₩2,400,000이었다. ㈜한국은 건물의 건설을 위해 20×1년 7월 1일에 ₩3,000,000(만기: 20×1년 12월 31일)을 은행으로부터 연 이자율 8%로 직접 차입하였다. ㈜한국의 일반차입금에 대한 자본화이자율은 10%일 때, 해당 건물과 관련해 자본화할 차입원가는 얼마인가? 단, 20×1년도 중에 일반차입금에서 발생한 이자비용은 총 ₩100,000이다.

① ₩100,000 ② ₩120,000
③ ₩210,000 ④ ₩220,000

9. 재무상태표 기타포괄손익누계액 항목 중 특정조건을 충족할 때 후속적으로 당기손익으로 재분류될 수 있는 것이 아닌 것은?

① 확정급여제도의 재측정요소
② 해외사업장의 재무제표 환산으로 인한 손익
③ 기타포괄손익-공정가치 측정 금융자산으로 분류한 채무상품의 평가손익
④ 현금흐름위험회피의 위험회피수단의 평가손익 중 효과적인 부분

10. 20×1년 초에 새로 설립된 ㈜한국은 토지, 건물 등의 유형자산과 관련하여 20×1년 중 다음과 같은 지출과 수입을 보고하였다.

• 건축사 설계비	₩300
• 구건물이 있는 토지의 구입대금	9,500
• 구건물철거원가	1,500
• 구건물철거 부수입	430
• 건물의 신축 공사원가	50,000
(토지의 구입일로부터 6개월 후 완공됨)	
• 하수도공사비	160
(사후 유지·관리비를 ㈜한국이 부담함)	
• 건물 완성 후의 조경 및 정지원가	630
(영구적인 내용연수를 갖게 됨)	

위의 지출과 수입으로 20×1년 말 ㈜한국의 토지계정 취득원가는 얼마인가? (단, 자료에서 제시하지 않은 사항은 고려하지 않는다.)

① ₩10,130 ② ₩11,200
③ ₩11,360 ④ ₩11,630

11. 충당부채, 우발부채 및 우발자산에 관련된 설명으로 옳지 않은 것은?

① 충당부채로 인식하기 위해서는 경제적효익을 갖는 자원의 유출가능성이 높고, 금액을 신뢰성 있게 추정할 수 있어야 한다.

② 과거에 우발부채로 처리하였다면 미래 경제적 효익의 유출가능성이 높아진 경우에도 충당부채로 인식할 수 없다.

③ 어떤 의무에 대하여 제3자와 연대하여 의무를 지는 경우에는 이행하여야 하는 전체 의무 중 제3자가 이행하여야 할 것으로 기대되는 부분에 한하여 우발부채로 처리한다.

④ 우발자산이란 과거사건으로 생겼으나, 기업이 전적으로 통제할 수는 없는 하나 이상의 불확실한 미래 사건의 발생 여부로만 그 존재 유무를 확인할 수 있는 잠재적 자산을 말한다.

12. (주)한국은 20×1년 중 (주)서울의 주식을 ₩1,000,000에 취득하였으며, 취득 시 총 수수료가 ₩100,000이 발생하였다. 20×1년 말 상기 주식의 공정가치는 ₩1,100,000이었으며, 20×2년 중 ₩1,050,000에 모두 처분하였다. 다음의 내용 중 옳은 것은?

① 동 주식의 취득원가는 당기손익-공정가치 측정 금융자산 또는 기타포괄손익-공정가치 측정 금융자산으로의 분류 여부에 관계없이 동일하다.

② (주)한국이 (주)서울의 주식을 당기손익-공정가치 측정 금융자산으로 분류하는 경우 20×1년 말 금융자산평가이익을 ₩100,000 인식한다.

③ (주)한국이 (주)서울의 주식을 기타포괄손익-공정가치 측정 금융자산으로 분류하는 경우 20×1년 말 금융자산평가이익을 ₩50,000 인식한다.

④ (주)한국의 (주)서울의 주식을 당기손익-공정가치 측정 금융자산으로 분류하든, 기타포괄손익-공정가치 측정 금융자산으로 분류하든 20×2년도 처분손실은 ₩50,000으로 동일하다.

13. 다음은 (주)한국의 20×1년도 무형자산을 내부적으로 창출하는 과정에서 발생한 연구활동 및 개발활동 관련 지출 내역이다. (주)한국이 20×1년도 연구활동으로 분류해야 하는 금액은 얼마인가?

• 생산이나 사용 전의 시제품과 모형을 제작하는 활동	₩120,000
• 재료, 장치 및 제품에 대한 여러 가지 대체안을 탐색하는 활동	130,000
• 새로운 기술과 관련된 공구 및 주형을 설계하는 활동	60,000
• 새로운 지식을 얻고자 하는 활동	90,000
• 연구결과나 기타 지식을 평가 및 최종 선택하는 활동	50,000
• 개선된 재료, 장치 및 제품에 대하여 최종적으로 선정된 안을 설계하는 활동	70,000

① ₩220,000   ② ₩270,000

③ ₩390,000   ④ ₩410,000

14. 재무제표 표시에 관한 설명으로 옳지 않은 것은?

① 계속기업의 가정이 적절한지의 여부를 평가할 때 경영진은 적어도 보고기간말로부터 향후 12개월 기간에 대하여 이용가능한 모든 정보를 고려한다.

② 재무제표에는 중요하지 않아 구분하여 표시하지 않은 항목이라도 주석에서는 구분표시해야 할 만큼 충분히 중요할 수 있다.

③ 매출채권에 대한 대손충당금을 차감하여 관련자산을 순액으로 표시하는 것은 상계 표시에 해당하지 않는다.

④ 외환손익 또는 단기매매금융상품에서 발생하는 손익과 같이 유사한 거래의 집합에서 발생하는 차익과 차손이 중요한 경우에는 순액으로 표시한다.

15. (주)수지는 발생주의회계를 적용하고 있다. 2011년도의 기말선급보험료는 ₩10,000이다. 2011년도 포괄손익계산서상의 보험료가 ₩35,000이고, 2011년 중에 현금으로 지급된 보험료는 ₩38,000일 경우에 기초선급보험료를 계산하면 얼마인가? 단, 미지급보험료의 기초와 기말잔액은 없다고 가정한다.

① ₩7,000   ② ₩10,000

③ ₩13,000   ④ ₩16,000

16. 당좌예금에 대한 은행계정조정표 작성시 조정내용에 대한 설명으로 옳지 않은 것은?

① 회계기간 중에 발행하고 인출을 기록한 수표 중 은행에서 아직 지급되지 않은 수표금액이 ₩48,000이어서 기업 장부의 당좌예금 잔액에 가산하였다.

② 매출거래처가 기업에 대금결제를 통보하지 않고 기업의 예금계좌에 ₩300,000을 직접 무통장입금시켰으나 기업의 장부에 기록되지 않아서 기업의 당좌예금 잔액에 가산하였다.

③ 매출거래처로부터 받아 예금한 타인발행수표 중 ₩80,000이 부도처리되었으나 기업의 장부에는 반영되지 않아 기업의 당좌예금 잔액에서 차감하였다.

④ 해외 출장 중인 영업사원이 매출채권을 회수하고 전신송금한 ₩150,000을 기업이 장부에 기록하지 않아 기업 장부의 당좌예금 잔액에 가산하였다.

17. 다음은 (주)대한의 2022년 수정 전 시산표와 [결산 정리 사항]이다. 결산 정리 사항을 반영한 후 당기순이익은?

(주)대한	수정 전 시산표		(단위: 원)
현금	600,000	매입채무	420,000
매출채권	1,000,000	자본금	500,000
상품	80,000	매출	1,940,000
매입	1,000,000		
급여	60,000		
보험료	120,000		
계	2,860,000	계	2,860,000

[결산 정리 사항]

• 급여 미지급분 ₩10,000을 계상하다.

• 보험료 미경과분 ₩30,000을 계상하다.

• 실사 결과 기말 상품 재고액은 ₩60,000이다.

① ₩760,000   ② ₩770,000

③ ₩780,000   ④ ₩790,000

18. 다음의 자료를 이용하여 행한 수정분개로 옳지 않은 것은? (단, 회사는 유형자산에 대하여 재평가모형을 적용한다.)

수정전시산표 항목	수정분개 사항
상품 ₩100,000 매입 ₩600,000	기말상품재고액 ₩300,000
소모품 ₩200,000 소모품비 ₩100,000	소모품 기말재고액 ₩50,000
임차료 ₩0 선급임차료 ₩100,000	기말 미경과 임차료 ₩40,000
토지 ₩100,000	기말 토지 공정가치 ₩200,000 (단, 토지는 당기 중에 취득하였음)

① (차) 상품 ₩200,000   (대) 매입 ₩600,000
      매출원가 ₩400,000

② (차) 소모품 ₩150,000   (대) 소모품비 ₩150,000

③ (차) 임차료 ₩60,000   (대) 선급임차료 ₩60,000

④ (차) 토지 ₩100,000
      (대) 재평가잉여금 ₩100,000

19. (주)한국은 매월 말 결산을 하고 재무제표를 작성한다. 20×9년 4월에 다음과 같은 자료 및 거래가 있었다.

- 20×9년 4월에 상품을 ₩200,000에 판매하면서 ₩150,000은 현금 수취하고 ₩50,000은 5월에 받기로 하였다.
- 20×9년 4월 1일 상품재고는 ₩50,000이 있었다.
- 20×9년 4월 중에 상품 ₩100,000을 구입하면서 ₩80,000은 현금 지급하고 ₩20,000은 5월에 지급하기로 하였다.
- 20×9년 4월 30일 기말에 남아 있는 상품은 ₩10,000이다.
- 20×9년 4월 종업원 급여가 ₩10,000 발생하였고 결산일 현재 ₩5,000은 지급하지 않았다.
- 20×9년 4월 1일 취득원가 ₩20,000인 토지를 ₩30,000에 처분하고 대금은 1년 후에 받기로 했다.

(주)한국의 20×9년 4월 현금기준의 순이익은?

① ₩55,000 ② ₩60,000
③ ₩65,000 ④ ₩70,000

20. 다음 자료에 따른 이익잉여금과 자본잉여금은?

• 매출원가	₩2,000
• 자본금	2,000
• 매출	3,000
• 급여	500
• 주식발행초과금	500
• 재고자산	2,000
• 당기손익-공정가치 측정 금융자산 평가이익	800
• 감자차손	100
• 사채	1,000
• 사채할인발행차금	250
• 감가상각비	200
• 매출채권	2,750
• 자기주식처분이익	100

	이익잉여금	자본잉여금
①	₩1,100	₩600
②	₩1,100	₩500
③	₩300	₩600
④	₩300	₩500

1. 회계와 재무제표에 대한 다음의 설명 중 옳지 않은 것은?

① 재무제표를 작성할 책임은 경영진에게 있으며, 재무회계의 주된 목적은 경영진의 경영의사결정을 돕기 위한 정보를 제공하는 것이다.

② 경영진은 필요로 하는 재무정보를 내부에서 구할 수 있기 때문에 일반목적재무보고서에 의존할 필요가 없다.

③ 주석은 재무제표 작성에 사용한 측정기준, 재무제표를 이해하는 데 목적적합한 그 밖의 회계정책에 관한 정보를 제공한다.

④ 재무제표에 대한 외부감사는 전문자격을 부여받은 공인회계사가 할 수 있다.

2. (주)평택은 20×1년 4월 1일 태풍으로 인해 창고에 있던 재고자산 중 ₩20을 제외하고 모두 멸실되는 피해를 입었다. (주)평택은 실지재고조사법을 사용하고 있기 때문에, 20×1년 3월 31일 당시 얼마만큼 재고자산을 보유하고 있었는지 알 수 없다. 따라서 다음 자료를 이용하여 멸실된 재고자산이 취득원가 기준으로 얼마였는지 추정하려고 한다.

- 기초(전년도 말) 재무상태표상의 재고자산: ₩50
- 1월 1일부터 3월 31일까지의 매입액 합계: ₩150
- 1월 1일부터 3월 31일까지의 매출액 합계: ₩200
- 전년도 매출총이익률: 30%

전년도 매출총이익률이 금년도에도 유지되었다고 가정할 때 멸실된 재고자산 추정액은?

① ₩40   ② ₩50
③ ₩60   ④ ₩70

3. A사는 20×1년 12월 31일 현재 보유중인 건물이 손상되어 회수가능액으로 손상처리하였다. 20×1년도의 감가상각비를 인식한 이후 건물의 장부금액은 ₩5,000,000이며, 사용가치는 ₩3,000,000으로, 순공정가치는 ₩2,500,000으로 추정된다. 20×1년 12월 31일 현재 건물의 잔존내용연수는 10년, 잔존가치는 없으며 정액법으로 감가상각한다고 할 경우 A사가 20×2년도에 건물과 관련하여 감가상각비로 인식할 금액은 얼마인가?

① ₩200,000   ② ₩250,000
③ ₩300,000   ④ ₩500,000

4. (주)한국은 20×1년 1월 1일 임대수익과 시세차익을 목적으로 건물을 ₩100,000,000(내용연수 10년, 잔존가치 ₩0, 정액법)에 구입하고, 해당 건물에 대해서 공정가치모형을 적용하기로 하였다. 20×1년 말 해당 건물의 공정가치가 ₩80,000,000일 경우 (주)한국의 20×1년 당기순이익에 미치는 영향은?

① ₩10,000,000 감소   ② ₩15,000,000 감소
③ ₩20,000,000 감소   ④ ₩25,000,000 감소

5. 다음 중 포괄손익계산서와 관련된 설명과 일치하는 내용은 어느 것인가?

① 기업이 정보이용자에게 필요하다고 판단할 경우에는 특별손익을 따로 표시할 수 있다.

② 당기의 현금흐름정보를 알 수 있기 때문에 유동성을 평가하는데 도움이 된다.

③ 비용의 성격별 분류가 정보이용자에게 더욱 목적적합한 정보를 제공한다.

④ 비용을 기능별로 분류하는 경우에는 비용의 성격별 정보에 대한 추가 공시가 필요하다.

6. 다음은 (주)한국의 2022년 수정 전 시산표와 [결산 정리 사항]이다. [결산 정리 사항]이 미치는 영향에 대한 설명으로 옳은 것은?

(주)한국	수정 전 시산표		(단위: 원)
현금	600,000	매입채무	420,000
매출채권	1,000,000	대손충당금	2,000
상품	80,000	자본금	500,000
매입	1,000,000	매출	1,938,000
급여	60,000		
보험료	120,000		
계	2,860,000	계	2,860,000

[결산 정리 사항]

• 급여 미지급분 ₩10,000을 계상하다.
• 보험료 미경과분 ₩30,000을 계상하다.
• 매출채권 기말 잔액에 대하여 2%의 대손을 추산하다.

① 결산 시 손익 계정에 대체되는 대손상각비는 ₩20,000이다.
② 비용 총액이 ₩20,000만큼 증가한다.
③ 수정 후 시산표의 차변 합계는 ₩28,000만큼 감소한다.
④ 당기순이익이 ₩2,000만큼 증가한다.

7. 시산표의 작성을 통해서 발견할 수 있는 오류는?

① 비품 ₩100,000을 현금으로 구입하면서 '(차)비품 ₩100,000/(대)현금 ₩100,000' 분개를 두 번 반복하였다.
② 매입채무 ₩100,000을 현금으로 지급하면서 '(차)매입채무 ₩200,000/(대)현금 ₩200,000'으로 분개하였다.
③ 매출채권 ₩100,000을 현금으로 회수하면서 '(차)매출채권 ₩100,000/(대)현금 ₩100,000'으로 분개하였다.
④ 기계장치를 ₩800,000에 처분하고, '(차)현금 ₩800,000/(대)기계장치 ₩80,000'으로 분개하였다.

8. (주)한국의 20×1년 영업활동 현금흐름은 ₩10,000이다. 다음 자료를 이용하여 20×1년 (주)한국의 당기 순이익을 구하시오.

- 사채상환손실 :	₩6,000
- 감가상각비 :	₩5,000
- 재고자산 증가 :	₩3,000
- 매입채무 감소 :	₩1,000
- 매출채권 감소 :	₩2,000
- 토지(장부금액 ₩70,000)의 현금 처분액 :	₩80,000
- 기타포괄손익-공정가치 측정 지분상품 (장부금액 ₩20,000)의 현금 처분액 :	₩15,000

① ₩3,000   ② ₩6,000
③ ₩11,000   ④ ₩13,000

9. 상품매매기업인 (주)한국의 20×1년도 일부 재무제표 항목들은 다음과 같다.

• 순매출액	₩7,200
• 매출원가	3,600
• 순이익	1,440
• 평균매출채권(순액)	600
• 평균재고자산	500

상품의 매입시점부터 판매 후 대금의 회수시점까지의 기간을 나타내는 (주)한국의 20×1년도 평균 영업주기(operating cycle)는 얼마인가? 단, (주)한국의 매출은 전액 외상매출이라고 가정하고, 1년은 계산의 편의상 360일로 간주한다.

① 30일   ② 50일
③ 80일   ④ 100일

10. (주)한국의 20×1년 당기순이익이 ₩1,250,000이고, 우선주식수는 500주(주당 액면금액 ₩1,000, 배당률 10%)이다. 20×1년 1월 1일의 주식수와 연중의 주식수 변동에 관한 자료는 다음과 같다.

- 1월 1일 : 기발행 주식수 2,000주(1월 1일 당시 자기주식 보유는 없었음)

- 7월 1일 : 유상증자를 실시하여 발행주식수가 3,000주로 증가

- 10월 1일 : 자기주식 400주 취득

(주)한국의 20×1년 주당순이익은 얼마인가?

① ₩400 ② ₩480
③ ₩500 ④ ₩520

11. (주)한국의 기초 상품 재고액은 ₩20,000이고, 당기 상품 매입액은 ₩100,000 (단위당 ₩100에 취득)이다. 장부상 기말 상품 수량은 100개이나, 60개만 창고에 남아 있고 나머지는 모두 분실되었다. 기말에 해당 상품의 순실현가능가치가 단위당 ₩80일 때, (주)한국이 해당 상품과 관련하여 당기에 인식해야 할 매출원가는? (단, 기초 상품은 당기 중에 전부 판매하였으며, 재고자산평가손실은 매출원가로, 감모손실은 기타비용으로 보고한다.)

① ₩111,200 ② ₩112,000
③ ₩114,000 ④ ₩115,000

12. 다음 중 유형자산의 취득원가에 포함될 수 없는 것은?

① 복구예상원가의 현재가치
② 국·공채의 강제매입시 매입가액과 현재가치와의 차액
③ 자본화대상 금융원가
④ 새로운 시설을 개설하는데 소요되는 원가

13. 다음 중 계정과목 분류와 관련하여 연결이 잘못된 것은?

① 재평가잉여금 - 이익잉여금
② 주식선택권 - 자본조정
③ 감자차익 - 자본잉여금
④ 미교부주식배당금 - 자본조정

14. 다음은 (주)민국의 2022년 수정 전 시산표 일부와 [결산 정리 사항]이다. 이를 정정하여 회계 처리한 후 재무상태표에 표시되는 이익잉여금 금액으로 옳은 것은?

(주)민국	수정 전 시산표		(단위: 원)
⋮	⋮	⋮	⋮
매출원가	340,000	자본금	1,000,000
급여	110,000	이익잉여금	200,000
⋮	⋮	매출	600,000
		금융자산 처분이익	15,000
		⋮	⋮
계	×××	계	×××

[결산 정리 사항]
• 결산 시 미지급급여 ₩10,000의 계상이 누락됨.
• 자기주식처분이익 ₩15,000을 금융자산처분이익으로 잘못 회계 처리함.

① ₩335,000 ② ₩340,000
③ ₩350,000 ④ ₩355,000

15. 다음은 20×1년 말 (주)한국이 보유한 자산의 일부 내역이다. 20×1년 말 (주)한국의 현금및현금성자산 합계액이 ₩150,000일 때 지폐 및 주화의 금액은 얼마인가?

- 지폐 및 주화 ?
- 보통예금 ₩54,000
- 선일자수표 ₩13,000
- 타인발행수표 ₩20,000
- 수입인지 ₩7,000
- 환매조건부채권(취득일 20×1년 9월 1일, 만기일 20×2년 1월 12일) ₩40,000
- 양도성예금증서(취득일 20×1년 12월 1일, 만기일 20×2년 2월 1일) ₩50,000

① ₩13,000
② ₩23,000
③ ₩26,000
④ ₩36,000

17. 다음은 금융부채를 유효이자율법을 적용해 상각후원가로 평가하는 경우 할증 및 할인발행차금과 이자비용이 어떻게 변화하는지에 대한 내용이다. 옳은 설명은?

① 유효이자율법 적용시 할증발행차금 상각액은 매기 감소한다.
② 유효이자율법 적용시 할인발행차금 상각액은 매기 감소한다.
③ 할증발행된 경우 이자비용은 매기 감소한다.
④ 할인발행된 경우 이자비용은 매기 감소한다.

16. (주)한국은 20×1년 초 내용연수 4년, 잔존가치 ₩300,000인 기계장치를 ₩5,000,000에 취득하여 정률법으로 감가상각하고 있다. (주)한국은 동 기계장치에 대하여 원가모형을 적용하고 있으며, 취득시점 이후 자산손상은 없었다. 동 기계장치의 20x3년 감가상각누계액 기초 잔액이 ₩3,750,000이었다면 20x3년 (주)한국이 인식할 감가상각비는? 단, 상각률은 0.5이다.

① ₩312,500
② ₩325,000
③ ₩612,500
④ ₩625,000

18. (주)서울의 2018년 초와 2018년 말의 총자산은 각각 ₩200,000과 ₩300,000이며, 2018년 초와 2018년 말의 총부채는 각각 ₩120,000과 ₩150,000이다. (주)서울은 2018년 중 ₩50,000의 유상증자를 실시하고 현금배당 ₩10,000과 주식배당 ₩7,000을 실시하였다. 당기에 재평가잉여금이 ₩10,000만큼 증가했다면, 2018년 (주)서울의 포괄손익계산서 상 총포괄이익은?

① ₩10,000
② ₩20,000
③ ₩30,000
④ ₩40,000

19. 유용한 재무정보의 질적특성에 관한 설명으로 옳지 않은 것은?

① 보강적 질적 특성은 가능한 한 극대화되어야 한다. 그러나 보강적 질적 특성은 정보가 목적적합하지 않거나 충실하게 표현되지 않으면 개별적으로든 집단적으로든 그 정보를 유용하게 할 수 없다.

② 오류없는 서술은 현상의 기술에 오류나 누락이 없고, 보고 정보를 생산하는 데 사용되는 절차의 선택과 적용 시 절차 상 오류가 없음을 의미한다.

③ 예측가치는 정보이용자가 미래 결과를 예측하기 위한 절차의 투입요소로 사용될 수 있는 정보의 가치를 말하며, 재무정보가 예측가치를 갖기 위해서 그 자체가 예측치 또는 예상치가 되어야 한다.

④ 보고기업에 대한 정보는 다른 기업에 대한 유사한 정보와 비교할 수 있고, 해당 기업에 대한 다른 기간이나 다른 일자의 유사한 정보와 비교할 수 있다면 더욱 유용하다.

20. '고객과의 계약에서 생기는 수익'의 측정에 대한 설명으로 옳지 않은 것은?

① 거래가격은 고객에게 약속한 재화나 용역을 이전하고 그 대가로 기업이 받을 권리를 갖게 될 것으로 예상하는 금액이며, 제삼자를 대신해서 회수한 금액도 포함한다.

② 거래가격은 일반적으로 계약에서 약속한 각 구별되는 재화나 용역의 상대적 개별 판매가격을 기준으로 배분한다.

③ 거래가격의 후속 변동은 계약 개시시점과 같은 기준으로 계약상 수행의무에 배분하므로, 계약을 개시한 후의 개별 판매가격 변동을 반영하기 위해 거래가격을 다시 배분하지 않는다.

④ 고객이 현금 외의 형태로 대가를 약속한 계약의 경우에 거래가격을 산정하기 위하여 비현금 대가(또는 비현금 대가의 약속)를 공정가치로 측정한다.

1. 기업회계기준서 제1115호 '고객과의 계약에서 생기는 수익'의 측정에 대한 다음 설명 중 옳은 것은?

① 거래가격의 후속변동은 계약 개시시점과 같은 기준으로 계약상 수행의무에 배분한다. 따라서 계약을 개시한 후의 개별 판매가격 변동을 반영하기 위해 거래가격을 다시 배분해야 한다. 이행된 수행의무에 배분되는 금액은 거래가격이 변동되는 기간에 수익으로 인식하거나 수익에서 차감한다.

② 계약을 개시할 때 기업이 고객에게 약속한 재화나 용역을 이전하는 시점과 고객이 그에 대한 대가를 지급하는 시점 간의 기간이 1년 이내일 것이라고 예상한다면 유의적인 금융요소의 영향을 반영하여 약속한 대가를 조정하지 않는 실무적 간편법을 쓸 수 있다.

③ 고객이 현금 외의 형태의 대가를 약속한 계약의 경우, 거래가격은 그 대가와 교환하여 고객에게 약속한 재화나 용역의 개별판매가격으로 측정하는 것을 원칙으로 한다.

④ 변동대가는 가능한 대가의 범위 중 가능성이 가장 높은 금액으로 측정하며 기댓값 방식은 적용할 수 없다.

2. '재무제표 표시'에 관한 설명으로 옳지 않은 것은?

① 외환손익 또는 단기매매 금융상품에서 발생하는 손익과 같이 유사한 거래의 집합에서 발생하는 차익과 차손은 중요하지 않을 경우 순액으로 표시한다.

② 기업은 현금흐름 정보를 제외하고는 발생기준 회계를 사용하여 재무제표를 작성한다.

③ 한국채택국제회계기준에서 요구하거나 허용하지 않는 한 자산과 부채 그리고 수익과 비용은 상계하지 아니한다.

④ 기업이 재무상태표에 유동자산과 비유동자산, 그리고 유동부채와 비유동부채로 구분하여 표시하는 경우, 이연법인세자산(부채)은 유동자산(부채)으로 분류한다.

3. ㈜감평의 20X1년 12월 31일 현재 재무상태는 다음과 같다.

자산총계	₩880,000
비유동부채	₩540,000
매출채권	120,000
자본총계	100,000
재고자산	240,000
비유동자산	520,000

만약 ㈜감평이 현금 ₩50,000을 단기차입한다고 가정하면 이러한 거래가 당좌비율(A)과 유동비율(B)에 미치는 영향은?

	A	B		A	B
①	감소	증가	②	감소	감소
③	증가	증가	④	증가	감소

4. 12월말 결산법인인 (주)한국은 20x1년 12월말 현재 조정 전 은행측 당좌예금 잔액이 ₩120,000이다. 다음 자료를 활용하여 조정 전 회사 장부상 당좌예금 잔액을 추정하면 얼마인가?

> (1) 거래처에 지급한 수표 중 2장(₩29,200)이 은행에서 아직까지 결제되지 않고 있다.
>
> (2) 은행측에서 부과한 은행수수료 ₩1,800이 아직 회사장부에 미정리된 상태이다.
>
> (3) 거래처로부터 받은 당좌수표 ₩14,400을 회사장부에 입금으로 기록하였으나, 은행업무 마감으로 다음 연도초에 은행에서 입금처리되었다.
>
> (4) 추심의뢰한 받을어음 ₩11,600이 추심되어 당좌예금구좌로 입금되었으나, (주)한국에 아직 통보되지 않았다.
>
> (5) 거래처로부터 받아 예입한 수표 ₩10,000이 부도처리되었다.
>
> (6) 매입채무 ₩17,000을 지급하기 위해 발행한 수표가 장부에는 ₩11,600으로 잘못 기록되었다.

① ₩134,000 ② ₩169,200
③ ₩100,000 ④ ₩110,800

5. (주)한국은 20X1년 선급보험료계정의 기초잔액이 ₩400 이었으며 이는 전부 20X1년 중에 기간이 경과되었다. 또한 20X1년 7월 1일 2년분 보험료 ₩1,800을 지급하였다. 회사는 보험료를 지급할 때 선급보험료로 기록하고 회계기말에 수정분개를 실시하고 있다. (주)한국의 20X1년 포괄손익계산서에 계상될 보험료는 얼마인가?

① ₩0 ② ₩850
③ ₩1,350 ④ ₩2,200

6. '재무보고를 위한 개념체계'에 제시된 유용한 재무정보의 질적 특성 중 보강적 질적 특성에 관한 설명으로 옳지 않은 것은?

① 정보가 누락되거나 잘못 기재된 경우 특정 보고기업의 재무정보에 근거한 정보이용자의 의사결정에 영향을 줄 수 있다면 그 정보는 중요한 것이다.
② 정보이용자가 항목 간의 유사점과 차이점을 식별하고 이해할 수 있게 하는 질적특성이다.
③ 합리적인 판단력이 있고 독립적인 서로 다른 관찰자가 어떤 서술이 충실한 표현이라는 데 대체로 의견이 일치할 수 있다는 것을 의미한다.
④ 의사결정에 영향을 미칠 수 있도록 의사결정자가 정보를 제때에 이용가능하게 하는 것을 의미한다.

7. 다음은 ㈜한국의 상품에 대한 매입·매출의 수정 전 내역이다. 기초상품 ₩100,000, 기말상품 ₩120,000일 때, 상품매출에 대한 올바른 매출총이익은?

> - 상품매입 ₩368,000, 매입운임 ₩15,000(판매관리비 계상)
> - 상품매출 ₩1,000,000, 판매운임 ₩60,000(판매관리비 계상),
> - 판매상품 하자로 인한 매출대금 할인금액 ₩50,000(영업외비용 계상)

① ₩587,000 ② ₩602,000
③ ₩637,000 ④ ₩652,000

8. (주)한국은 20×1년 1월 1일 기계장치를 ₩2,500,000에 매입(내용연수: 10년, 잔존가치: ₩0, 정액법 상각)하고, 생산가동에 필요한 설치 및 조립과 관련하여 ₩100,000을 같은 날 추가로 지출하였다. 한편 20×2년 1월 1일 (주)한국의 영업 일부를 재편성하는 과정에서 동 기계장치를 재배치하였으며, 재배치하는 과정에서 ₩90,000을 지출하였다. 이 기계장치와 관련하여 (주)한국이 20×1년도와 20×2년도에 각각 인식할 감가상각비는 얼마인가? (단, 기계장치에 대하여 원가모형을 적용하고 있으며, 손상은 발생하지 않았다.)

① 20×1년: ₩250,000, 20×2년: ₩250,000
② 20×1년: ₩250,000, 20×2년: ₩260,000
③ 20×1년: ₩260,000, 20×2년: ₩260,000
④ 20×1년: ₩260,000, 20×2년: ₩270,000

9. (주)일산의 20×1년 말 현재 재무상태표의 납입자본과 이익잉여금은 각각 ₩200,000과 ₩100,000이며, 자본의 합계는 ₩300,000이다. (주)일산의 20×2년도 당기순이익은 ₩50,000이며, 20×2년 중에 배당금 ₩20,000을 지급하기로 선언하고 이를 현금으로 지급하였다. 한편, (주)일산은 20×2년 중에 주식을 추가로 발행하여 ₩100,000의 현금을 조달하였다. (주)일산의 20×2년 말 재무상태표의 자본합계는 얼마인가? (주어진 자료 이외의 자본변화는 일어나지 않았다.)

① ₩130,000
② ₩150,000
③ ₩330,000
④ ₩430,000

10. ㈜감평은 20X1년 초 임대목적으로 건물(취득원가 ₩1,000, 내용연수 10년, 잔존가치 ₩0, 정액법 감가상각)을 취득하여 이를 투자부동산으로 분류하였다. 20X1년 말 건물의 공정가치가 ₩930일 때 (A)공정가치모형과 (B)원가모형을 각각 적용할 경우 ㈜감평의 20X1년도 당기순이익에 미치는 영향은?

	(A)	(B)
①	₩70 감소	₩100 감소
②	₩70 감소	₩70 감소
③	₩30 증가	₩100 감소
④	₩30 증가	₩70 감소

11. 다음 중 충당부채 및 우발부채에 대한 회계처리 내용으로 옳지 않은 것은?

① 충당부채로 인식되기 위해서는 과거사건으로 인한 의무가 기업의 미래행위와 관련되어야 한다.
② 충당부채에 대한 화폐의 시간가치가 중요한 경우에는 현재가치로 평가하고, 장부금액을 기간 경과에 따라 증가시키고 해당 증가금액은 차입원가로 인식한다.
③ 어떤 의무에 대하여 제3자와 연대하여 의무를 지는 경우에 이행하여야 하는 전체 의무 중에서 제3자가 이행할 것으로 기대되는 부분에 한하여 우발부채로 처리한다.
④ 충당부채를 결제하기 위하여 필요한 지출액의 일부 또는 전부를 제3자가 변제할 것이 예상되는 경우 기업이 의무를 이행한다면 변제를 받을 것이 거의 확실하게 되는 때에 한하여 변제금액을 인식하고 별도의 자산으로 회계처리한다.

12. ㈜감평은 20x1년 7월 1일 건물(공정가치 ₩200,000)이 세워져 있는 토지(공정가치 ₩600,000)를 ₩700,000에 일괄 취득하였다. 건물은 사용목적이 아니어서 취득 즉시 철거하였다. 건물에 대한 철거비용은 ₩20,000이 발생하였으며, 건물철거 후 발생한 폐자재는 ₩10,000에 처분하였다. 토지의 취득원가는?

① ₩525,000   ② ₩610,000

③ ₩710,000   ④ ₩720,000

13. (주)관세의 20×1년 말과 20×2년 말 재무상태표의 매출채권 관련 부분이다.

구분	20×1년 말	20×2년 말
매출채권	₩100,000	₩300,000
손실충당금	(5,000)	(6,000)

(주)관세는 20×2년 7월 초 매출채권 ₩7,000이 회수 불능으로 확정되어 장부에서 제각하였으나, 동년도 12월 초 제각한 매출채권 중 ₩3,000을 회수하였다. ㈜관세의 매출채권과 관련한 20×2년도 손상차손은?

① ₩2,000   ② ₩3,000

③ ₩5,000   ④ ₩6,000

14. 다음은 (주)한국의 주식 관련 자료이다. (가)의 금액으로 옳은 것은?

[자료]

• 거래

2022년 11월 17일 A주식 100주를 ₩1,000,000에 취득하고 대금은 수수료 ₩30,000과 함께 현금으로 지급하다. ㈜한국은 동 주식을 당기손익-공정가치 측정 금융자산으로 분류하다.

2022년 12월 31일 위 A주식을 공정가치로 평가하다. 2023년 1월 1일 위 A주식 전부를 ₩1,500,000에 처분하다.

• 연도별 당기손익에 미치는 영향

2022년	2023년
(가)	₩200,000

① ₩270,000   ② ₩300,000

③ ₩320,000   ④ ₩350,000

15. (주)관세는 20×1년 초 (주)한국을 합병하면서 이전대가로 공정가치 ₩30,000의 주식(액면금액 ₩20,000)을 발행·교부하였다. 합병 당시 (주)한국의 식별가능한 순자산 장부금액은 ₩25,000, 공정가치는 ₩31,000이다. (주)관세가 동 합병으로 인식할 영업권 또는 염가매수차익은?

① 영업권 ₩1,000

② 영업권 ₩5,000

③ 염가매수차익 ₩1,000

④ 염가매수차익 ₩5,000

16. 다음은 (주)한국의 2016년 자기주식과 관련된 거래이다. 이를 모두 회계 처리한 경우 자본 총액에 미치는 영향으로 옳은 것은?

> • 3월 25일 자기주식 200주를 1주당 ₩6,000에 취득하고 대금은 당좌수표를 발행하여 지급하다.
> • 4월 7일 위 자기주식 중 100주를 1주당 ₩7,000에 처분하고 대금은 현금으로 받다.
> • 4월 20일 위 자기주식 중 나머지 100주를 1주당 ₩9,000에 처분하고 대금은 현금으로 받아 즉시 당좌예입하다.

① ₩300,000 증가
② ₩300,000 감소
③ ₩400,000 증가
④ ₩400,000 감소

17. ㈜한국의 4월 중 상품수불부 내역은 다음과 같다. 선입선출법에 따른 4월 말 재고자산 금액은?

구분	일자	수량(개)	매입단가	금액
기초재고	4월 1일	200	₩ 100	₩ 20,000
매입	4월 10일	700	₩ 110	₩ 77,000
판매	4월 15일	(800)		
매입	4월 20일	100	₩ 120	₩ 12,000
기말재고	4월 30일	200	??	??

① ₩20,000
② ₩22,000
③ ₩23,000
④ ₩24,000

18. 다음 중 현금흐름표상 투자활동 현금흐름에 해당하는 것은?

① 차입금의 출자전환
② 퇴직금의 지급
③ 회사채의 발행
④ 기계장치의 현금매각

19. 무형자산에 대한 설명으로 옳은 것은?

① 내부적으로 창출한 브랜드, 제호, 출판표제, 고객 목록은 개발하는데 발생한 원가를 전체 사업과 구별할 수 없더라도 무형자산으로 인식한다.
② 무형자산에 대한 대금지급기간이 일반적인 신용기간보다 긴 경우 무형자산의 원가는 실제 총지급액이 된다.
③ 개별 취득하는 무형자산은 자산에서 발생하는 미래 경제적효익이 기업에 유입될 가능성이 높다는 발생 가능성 인식기준을 항상 충족하는 것으로 본다.
④ 내용연수가 유한한 무형자산의 잔존가치는 해당 자산의 장부금액과 같을 수는 있으나, 장부금액보다 더 클 수는 없다.

20. 다음은 (주)한국의 주당이익을 계산하기 위한 자료이다. 20x1년도의 주당이익을 계산할 때 사용할 가중평균주식수는 얼마인가? 단, 가중평균은 월할 계산한다.

> • 보통주 정보
>   20x1년 1월 1일 ─ 액면 ₩10,000의 유통 보통주식 수 60,000주
>   20x1년 6월 1일 ─ 구주 1주당 신주 2주로 주식분할 60,000주 증가
>   20x1년 7월 1일 ─ 신주발행 (시가발행 유상증자) 30,000주
> • 우선주 정보
>   20x1년 1월 1일 ─ 액면 ₩10,000, 6%배당, 누적적 우선주 12,000주

① 162,000주
② 147,000주
③ 120,000주
④ 135,000주

김용재 공무원 회계학

실전동형 모의고사

정답 및 해설 1-14회

원가관리회계	7, 18, 19, 20
정부회계	4, 9
지엽적 문제	3(중간재무보고)

3번 중간재무보고는 19년도에 딱 한 번 출제되었던 주제이다. 7급 대비 특강에서 다루기 때문에 대비할 학생은 참고하자. 3번을 제외하고는 전반적으로 무난한 난이도였다.

---

01. ①

재무제표 표시

기업은 '현금흐름 정보를 제외하고는' 발생기준 회계를 사용하여 재무제표를 작성한다.

02. ①

재무정보의 질적 특성
(2013. 계리사)

적시성은 '보강적' 질적 특성이다. ①번 선지는 맞는 문장이지만, '근본적' 질적 특성에 대한 설명은 아니다.

03. ④

중간재무보고
(2019. 국가직 9급 수정)

포괄손익계산서는 당해 중간기간도 직전 회계연도의 동일기간과 비교하지만, 현금흐름표 및 자본변동표는 당해 누적기간만 직전 회계연도의 동일기간과 비교한다.

04. ③

재정운영표
(2020. 국가직 9급 수정)

프로그램 총원가	300,000
프로그램 수익	(40,000)
프로그램 순원가	①260,000
관리운영비	60,000
비배분비용	30,000
비배분수익	(20,000)
재정운영순원가	②330,000
비교환수익	0
재정운영결과	③**330,000**

일반회계로만 구성된 행정형 회계이므로, 재정운영결과 계산 시 비교환수익을 차감하면 안 된다. 대신, 비교환수익은 순자산변동표의 '재원의 조달 및 이전'란에 기록되므로 ④번은 맞는 문장이다.

05. ②

지분법
(2017. 국가직 7급 수정)

취득원가			25,500
배당	(5,000)	*30%=	(1,500)
NI	20,000	*30%=	6,000
계			30,000

배당 지급액은 관투 잔액을 감소시키고, 지분법이익은 관투 잔액을 증가시킨다.
그 결과, 당기 중 관투는 취득원가 대비 4,500 증가한다. 기말 관투 잔액이 4,500 증가하므로, 취득원가는 25,500이다.

06. ①

저가법

BQ×BP	20개×@1,000= 20,000
	> 감모손실 5,000< 정상 3,000 / 비정상(기타비용) 2,000
AQ×BP	15개×@1,000= 15,000
	> 평가충당금(=평가손실) 1,500
AQ× 저가	15개×@900= 13,500

기초 충당금에 대한 언급이 없으므로 기초 충당금이 없다고 보고, 기말 평가충당금이 곧 평가손실이 된다.

재고자산			
기초(순액)	30,000	매출원가	84,500
		기타비용	2,000
매입	70,000	기말(순액)	13,500
계	100,000	계	100,000

문제의 가정에 따라 비정상감모만 기타비용으로 처리한다.
매출총이익: 100,000-84,500=**15,500**

07. ③

변동원가계산과 전부원가계산의 이익 차이

고정OH 배부율: 30,000/200개=150

	고정OH	
변동		100,000
+기말		+20*150=3,000
-기초		
=전부		**103,000**

08. ④

수익 기준서

기업에 특성이 비슷한 계약이 많은 경우 기댓값으로 변동대가를 추정한다

09. ③
자산, 부채의 평가

무상관리전환은 장부가액으로, 유상관리전환은 공정가액으로 취득원가를 계상한다.

10. ①
기중 취득 자산의 감가상각
(2018. 계리사)

(1) 취득원가: (1,000,000+300,000)=1,300,000
- 자동차보험료 및 하이패스 충전액은 차량을 사용하면서 발생하는 지출이므로 당기비용처리 한다.

(2) X1년 감가상각비: (1,300,000-100,000)/4*6/12=**150,000**
-7월 1일에 취득하였으므로 6개월치 감가상각비만 인식한다.

11. ①
현금출자

기말 주식발행초과금: (10,000-5,000)*100주-100,000(직접원가)-200,000(주할차)=**200,000**

12. ②
지분상품 회계처리

1. X1년: **5,000**
   취득원가: 20주*@1,000+1,000=21,000
   평가손익: 20주*@1,300-21,000=5,000

2. X4년: **(2,000)**
   평가손익: (1,400-1,500)*20주=(2,000)

13. ②
현금주의와 발생주의 간의 전환

현금흐름	=	NI	-	△자산	+	△부채
(50,000)	=	(40,000)		(10,000)		

14. ①
재무비율

| 회계처리 |

(차) 상품　　　　3,000　　　(대) 현금　　　1,500
　　　　　　　　　　　　　　　　　매입채무　1,500

	분자	분모	비율
유동비율	유동자산 (상품, 현금) 1,500 증가	유동부채 (매입채무) 1,500 증가	감소
부채비율	당좌자산 (현금) 1,500 감소	유동부채 (매입채무) 1,500 증가	감소

유동비율은 분모, 분자가 같은 금액만큼 증가하지만 현재 비율이 200%로 100%보다 크기 때문에 1에 가까워지면서 **감소**한다.

15. ④

무형자산 기준서

①, ④ '내부창출 ~'은 자산으로 인식하지 않는다.

16. ④

오류수정
(2015. 계리사)

	X1	X2	X3
수정 전 당기순이익	200,000	300,000	400,000
X1	(30,000)	30,000	
X2		(70,000)	70,000
X3			20,000
수정 후 당기순이익	170,000	**260,000**	**490,000**

17. ①

소모품 회계처리

소모품을 계상하는 기말 수정분개를 하므로, 회사가 기중에 매입한 소모품은 소모품비로 비용처리하였으며, 수정분개 전 소모품 잔액은 0이다. 따라서 기말 수정분개로 계상한 250,000이 기말 소모품 재고액이다.

18. ②

고정제조간접원가 차이분석

		실제		예산		배부액
고정OH		160,000	예산차이 **④10,000 불리**	=③150,000	조업도차이 15,000 불리	①45,000*3 =②135,000

① SQ: 9,000*5시간=45,000

19. ②

제조원가의 흐름
(2016. 계리사)

		가산		차감		
직접재료	기초 매입액	35,000 27,000	기말	20,000		
가공원가	DL OH	240,000 60,000				
재공품	기초	30,000	기말	15,000	당기제품제조원가: **357,000**	
제품	기초	25,000	기말	20,000		

가공원가 (1)	
DL (0.8) **240,000**	OH (0.2) 60,000

20. ③

종합원가
(2013. 국가직 9급 수정)

재공품(평균법)		완성품환산량	
		재료원가	가공원가
기초 300 (1)(0.3)	완성 3,300 (1)(1)	3,300	3,300
착수 3,500	기말 500 (1)(0.4)	500	200
		3,800	**3,500**

원가관리회계	7, 12, 17, 20
정부회계	14, 15
계산이 어려운 문제	8(자본거래가 자본에 미치는 영향)

8번 문제의 경우 계산이 다소 필요한 문제여서 시간이 좀 소요될 수 있었으나, 그렇게 어려운 수준의 계산은 아니었기 때문에 침착하게 계산한다면 충분히 풀 수 있었을 것이라 생각한다.

18번 문제는 정부보조금이 자주 나오는 주제가 아니기 때문에 다소 생소하게 느껴졌을 수 있을 듯하다. 하지만 간편법을 기억했다면 굉장히 간단하게 풀 수 있었다.

---

01. ④
IFRS의 특징
(2013. 계리사 수정)

IFRS는 공정가치 중심의 측정을 확대하였다. 개념체계에서 가장 많이 사용하는 측정기준은 역사적원가라고 서술하지만, IFRS는 공정가치 중심의 측정을 '확대'한 것이다.

---

02. ③
계정별 원장

대손충당금을 설정한 것이 아니라, 대손이 확정되어 매출채권과 대손충당금을 상계한 것이다.

회계처리>
대손충당금 20,000 / 매출채권 20,000

---

03. ②
재무제표의 측정기준

상각후원가는 역사적원가의 사례이다.

---

04. ②
감가상각의 변경

X0 80,000 n= 10, s=10,000
↓ (80,000-10,000)*5/10=35,000
X5 45,000 n= 8 – 5 = 3, s=**15,000**
↓ (45,000-s)*1/3=10,000

→ 잔존가치(s)=**15,000**

X6년초부터 X8년말까지 사용 가능하므로, 잔존내용연수는 3년이다.

---

05. ②
화재, 도난 등이 발생한 경우
재고자산 손실액

매출원가: 2,000,000*(1-20%)=1,600,000
기말(8.1) 재고자산: 700,000+1,500,000-1,600,000=600,000
재고손실액: 600,000*30%=**180,000**

06. ②
유형자산 일괄취득
(2016. 계리사)

토지 구입대금	1,500,000
취득세 및 등기비용	70,000
중개수수료	60,000
기존건물 철거비용	100,000
폐자재 처분수입	(30,000)
구획정리비용	40,000
취득원가 계	**1,740,000**

토지 취득세 및 중개수수료는 취득 부대비용에 해당하므로 토지의 취득원가에 가산한다.

'토지'의 구획정리비용은 토지 관련 지출이므로 토지의 취득원가에 가산한다.

구건물이 서 있던 토지를 구입하고, 즉시 구건물을 철거하였으므로 철거비용과 폐자재 처분수입은 토지의 취득원가에 가감한다.

신축공장 건축허가비용, 설계비용, 공사원가는 공장건물의 취득원가에 가산한다.

07. ④
순실현가치법

	매출액	NRV	결합원가	제조원가
초코	800*@400 =320,000	320,000-120,000 =200,000	150,000*2/3 =100,000	100,000+120,000 **=220,000**
딸기	1,200*@200 =240,000	240,000-140,000 =100,000	150,000*1/3 =50,000	50,000+140,000 =190,000
계		300,000	150,000	

08. ③
자기주식 거래

1.1	1,000*5,000=	5,000,000
3.6	1,400*2,000=	2,800,000
8.12	(800)*1,500=	(1,200,000)
9.1		-
10.12	(1,300)*1,000=	(1,300,000)
12.31	1,600*2,000=	3,200,000
NI		1,000,000
계		**9,500,000**

자본 증감은 현금의 유출입과 일치한다.

-자기주식 소각(감자) 시에는 현금 유출입이 없으므로, 자본 변동이 없다.

09. ②
현금성자산 계산문제

지폐와 주화	18,000
보통예금	25,000
배당금지급통지표	20,000
타인발행수표	10,000
계	**73,000**

양도성예금증서, 국채는 모두 '취득일로부터' 잔존만기가 3개월 이상이므로 현금성자산에 해당하지 않는다.

10. ③
할인발행 vs 할증발행 vs 액면발행

사채를 할인발행하든, 할증발행하든 사채할인(할증)발행차금 상각액은 매년 증가한다.
④ 사채발행비가 발생하면 사채의 현재가치가 낮아져 유효이자율은 높아진다. 액면발행, 할인발행, 할증발행과 무관하다. (O)

11. ②
회계정책의 변경
(2017. 계리사)

	X1	X2
변경 전 NI		200,000
X1	35,000	(35,000)
X2		42,000
변경 후 NI		**207,000**

12. ②
CVP분석

① 판매가격: 20,000/200=@100
　단위당 공헌이익: 100-60=40 (O)
② 공헌이익률: 40/100=40% (X)
③ 손익분기점 판매량: 고정원가/단위당 공헌이익=5,000/40=125개 (O)
④ 이익: 30,000*40%-5,000=7,000 (O)

13. ③
기말수정분개
(2015. 계리사)

수정분개> 미수이자 XXX / 이자수익 XXX
① 수정분개를 통해 현금은 건드리지 않으므로 현금은 적정하게 계상되어 있다. (X)
② 수익이 과소 계상되었으므로, 당기 재무상태표상 순자산이 과소계상된다. (X)
③ 당기순이익과 당기 재무상태표상 자본 및 자산 모두 과소계상된다. (O)
④ 당기말 자산 과소계상, 부채 영향 없음, 자본 과소계상, 자동조정오류이므로 다음 회계연도말 재무상태표에 미치는 영향은 없다. (X)

14. ④
재정상태표

사용수이권은 자산의 차감으로 표시한다.

15. ①

지자체 재무제표의 작성 과정

개별 회계실체의 재무제표(1단계) 작성 시 다른 개별 회계실체와의 내부거래(1단계)를 상계하지 않고 작성한다.

16. ③

현금흐름의 활동 구분

③번만 재무활동에 해당하며, 나머지는 전부 영업활동에 해당한다.

17. ①

제조원가의 분류

공장 화재보험료	150
간접노무원가	200
공장 감가비	250
공장 리스료	50
공장토지 재산세	100
OH 계	**750**

OH 계산 시 간접노무원가를 누락하지 않도록 주의하자.

18. ①

정부보조금

11.4.1 8,000 (2,000) n=5, s=0
　　　↓　　　↓　1,200=2,000*4,800/8,000
14.4.1 3,200　(800)

14.3.30이 14.4.1과 하루 차이이므로 계산의 편의를 위해 4.1로 쓴다. 이렇게 하면 취득 시부터 처분 시까지 3년간 보유했다는 것이 쉽게 파악된다.
처분 시 장부금액: 3,200-800=2,400
처분손익: 3,200-2,400=800 이익

| 간편법 |
문제는 정부보조금을 자산차감법으로 회계처리하므로 취득원가에서 정부보조금을 차감한 순액을 새로운 취득원가로 보고 계산하면 된다. 물론 유형자산처분손익은 회계처리 방법과 상관없이 같게 계산되기 때문에 이연수익법으로 회계처리했더라도 다음과 같이 계산해도 무방하다.

11.4.1 6,000 n=5, s=0
　　　↓　(3,600)
14.4.1 2,400

정부보조금을 차감한 새로운 취득원가: 8,000-2,000=6,000
처분 시 감누: (6,000-0)*3/5=3,600
처분 시 장부금액: 6,000-3,600=2,400, 처분손익: 800 이익

19. ②

소매재고법

	원가	매가		원가	매가
기초	100	400	매출	⑤400	900
매입	600	900	종업원할인		
순인상		200			
순인하		(100)	기말	④300	③500
계	①700	①1,400	계	②700	②1,400

원가율: (700-100)/(1,400-400)=60%

기말 재고자산 원가: 500*60%=300

매출원가: 700-300=**400**

20. ③

정상개별원가계산

OH 예정배부율: 500,000/200,000=2.5/직접노무시간

OH 배부액: 2.5*220,000=550,000

배부차이: 550,000-540,000=10,000 과대배부

김용재 공무원 실전동형모의고사 3회 정답 및 해설

원가관리회계	3, 4, 12, 13
정부회계	17, 18
지엽적 문제	13(균형성과표), 20(주식기준보상)
어려운 문제	18(자산의 평가)
계산이 어려운 문제	19(대손상각비)

13번 균형성과표와 20번 주식기준보상은 공무원 회계학에 거의 등장하지 않는 주제이다. 균형성과표는 원가관리회계에서 다뤘으며, 난이도가 어렵지 않았기 때문에 쉽게 맞힐 수 있었을 것이다. 주식기준보상은 7급 대비 특강을 참고하자.

18번 문제는 틀린 문장을 찾기 다소 어려웠을 수 있는데, 취득부대비용을 가산해야 한다는 것은 정부회계 강의에서 강조했던 내용이기에 유의했다면 충분히 답을 찾아낼 수 있었다.

19번 대손상각비 문제는 기말 대손충당금을 계산하는 과정이 좀 힘들었는데, 마지막에 차분히 계산했다면 풀 수 있었을 것이다.

---

01. ③
회계상의 거래

계약의 체결은 회계상의 거래가 아니다. 직원 채용은 자산 및 부채의 변동을 가져오지 않으며, 실제로 직원이 근로를 하거나 월급을 지급할 때 회계상의 거래로 인식한다.
① 임대계약에서 그친 것이 아니라, 송금까지 이루어졌기 때문에 거래가 맞다.

02. ②
원가모형 손상차손

X0 100,000 n=5, s=0, 정액
　　↓ (40,000)=(100,000-0)*2/5
X2 60,000 → 45,000 (MAX)
　　손상차손 **15,000**

03. ①
제조원가의 흐름
(2019. 계리사)

매출액: 2,100,000(매출원가)+800,000(매출총이익)=**2,900,000**

		가산		차감		
직접재료	기초 매입액		기말			
가공원가	DL OH					⌐ 당기총제조원가: 2,400,000
재공품	기초	100,000	기말	500,000		
제품	기초	300,000	기말	200,000	⌐ 매출원가: 2,100,000

04. ④
목표이익 CVP분석

세전 목표이익: 1,200/(1-40%)=2,000
단위당 공헌이익: 10-5-1=4
목표이익 달성 판매량: (1,000+2,000)/4=750단위
- 공장 건물과 기계의 연간 임차료는 단위당 금액으로 제시되지 않았기 때문에 고정원가로 본다.

05. ① 투자부동산 평가모형

투자부동산 공정가치 모형 적용 시 감가상각을 하지 않는다.
평가손실: 900,000-1,000,000=(-)100,000

06. ② 감가상각

내용연수가 5년이므로 X1년의 상각률은 5/15이다.
X1년의 상각률이 5/15일 때 X1년의 감가비가 150,000이므로 기계장치의 취득원가는 다음과 같이 구한다.
(취득원가-20,000)*5/15=150,000
→ 취득원가=470,000
X3말 감가상각누계액: (470,000-20,000)*(5/15+4/15+3/15)=360,000
X3말 기계장치의 장부금액: 470,000-360,000=**110,000**

07. ③ 수익의 인식

매출액: 200,000+100,000*2.49=449,000
매출총이익: 449,000-100,000=**349,000**

08. ① 재무비율

유동비율=유동자산/유동부채=4
→ X1년 말 유동부채=4,000

X1년 말 재고자산: (유동비율-당좌비율)*유동부채=(400%-200%)*4,000=8,000
평균 재고자산: (12,000+8,000)/2=10,000

매출원가: 평균 재고자산*재고자산회전율=10,000*8회=80,000
매출액=80,000*1.25=**100,000**

09. ① 재무제표 작성 과정

② 경영자는 재무제표를 작성하는 재무회계의 정보 공급자이지만, 동시에 관리회계의 정보 수요자이다.
③ 모든 기업이 IFRS를 적용하지는 않는다.
④ 모든 기업이 감사를 받는 것은 아니다. 외부감사 대상 기준을 초과하는 기업만 회계사에 의한 회계감사를 받는다.

10. ② 주당순이익

기본EPS: 900,000/4,500=**200**

	1.1	3.1	12.1	n
주식배당 월할상각	3,000 *1.2 *12/12	1,000 *1.2 *10/12	(1,200) *1/12	
계	3,600	1,000	(100)	4,500

11. ②

영업활동 현금흐름-직접법
(2014. 계리사)

	현금흐름	=	NI	-	△ 자산	+	부채
고객	2,600,000 500,000		② 3,000,000 (매출액)		③ 100,000 (매출채권)		
공급자	(2,000,000) (상품매입액)		① (2,100,000) (매출원가)		100,000 (상품)		

① 매출원가: 공급자에 대한 현금 유출액을 맞추기 위해서는 2,100,000이다.
② 매출액: 2,100,000+900,000(매출총이익)=3,000,000
③ 매출채권 증감액: 100,000 감소

기말 매출채권: 800,000-100,000=**700,000**

12. ④

종합원가-완성품환산량 차이
(2013. 계리사)

평균법과 선입선출법의 완환량 차이는 기초 재공품의 완환량과 일치한다.

기초 재공품의 완환량
(1) 재료원가: 1,200개*100%=**1,200개**
(2) 가공원가: 1,200개*50%=**600개**

13. ④

균형성과표
(2009. CPA 수정)

재무 성과지표만 집중 관리하던 기존의 방식에서 벗어나, 비재무적인 성과지표를 고려하는 방법이 균형성과표이다. 따라서 재무관점의 성과지표를 가장 중시하는 것은 아니다.
④번 선지는 ①번 선지와 모순이기 때문에 선지만 잘 비교했어도 답을 골라낼 수 있었다.

14. ③

충당부채

자산의 예상처분손익은 충당부채에 반영하지 않는다.

15. ④

자동조정오류

	21	22
재고자산-21	(10,000)	10,000
재고자산-22		20,000
선급비용-21	5,000	(5,000)
선급비용-22		(8,000)
선수수익-21	9,000	(9,000)
선수수익-22		(11,000)
수정이 미치는 영향	**4,000**	**(3,000)**

수정사항을 반영하면 당기순이익은 21년과 22년에 각각 4,000 증가, 3,000 감소하므로, 오류가 미치는 영향은 4,000 과소계상 및 3,000 과대계상이다.

16. ③

지분법
(2018. 지방직 9급 수정)

취득원가			1,000,000
배당	(200,000)	*25%=	(50,000)
NI	600,000	*25%=	**150,000**
계			**1,100,000**

17. ④

정부회계 수익의 인식기준

비교환수익은 '수익에 대한 청구권이 발생하고' 그 금액을 합리적으로 측정할 수 있을 때에 수익으로 인식한다. 해당 선지는 교환수익의 수익 인식 시점에 대한 설명이다.

18. ②

자산, 부채의 평가

재고자산은 구입가액에 '부대비용을 더하고' 선입선출법을 적용한 가액을 취득원가로 한다.
21년도 국가직 9급 기출문제에서 '일반유형자산과 주민편의시설은 당해 자산의 건설원가나 매입가액을 취득원가로 평가함을 원칙으로 한다.'는 문장이 부대비용을 포함시키지 않았다는 이유로 틀린 문장으로 제시되었다. 취득원가에 대한 문장이 제시되었을 때 부대비용을 포함시켰는지 주의하자.

19. ①

대손상각비

	대손상각비	매출채권	대손충당금
기초			50,000
대손		(26,000)	(26,000)
회수			4,000
설정	82,000		82,000
기말	**82,000**		110,000

기말 대손충당금: 300,000*5%+160,000*10%+100,000*20%+90,000*50%+14,000*100%=110,000

20. ③

주식기준보상
(2014. CPA 수정)

	명수	*개수	*금액	*1/n	=누적액	비용
X1	100명	10	360	1/3	120,000	120,000
X2	100명	10	360	2/3	240,000	**120,000**

주식선택권의 단위당 금액으로는 부여일(X1년 초)의 공정가치인 360을 사용하며, 이후 주식선택권의 공정가치가 변화하더라도 반영하지 않는다.

원가관리회계	16, 18, 19, 20
정부회계	10, 13
지엽적 문제	19(특별주문), 20(종합예산)

19번 특별주문과 20번 종합예산은 자주 출제되는 주제는 아니다. 19번은 공무원 기출문제를 더 꼬아서 냄으로써 기존에 풀 때보다 난이도가 높았다고 느꼈을 것이다. 20번 종합예산은 배우지도 않은 내용이고, 문제를 푸는데도 시간이 상당히 많이 걸리는 고난이도 문제였다. 실전이었다면 풀지 말고 넘겼어야 한다.

01. ③
손익계산서 작성

매출총이익	100,000
대손상각비	(10,000)
종업원급여	(20,000)
감가상각비	(5,000)
임차료	(50,000)
영업이익	**15,000**

이자비용, 유형자산처분이익: ㈜대한이 '제조업' 회사이므로 영업외손익으로 분류한다.
자기주식처분손실: 자본조정이므로 영업이익과 무관하다.
FVOCI 금융자산 평가이익: OCI로 분류하므로 영업이익과 무관하다.

02. ④
재무비율

(1) 당기순이익: 100억

　매출액순이익률: NI/매출액=10%　　　　NI=1,000억*10%=100억

　　　　　　　　　　　　　↓　　　　　　　　↑

　총자산회전율: 매출액/총자산=0.5회 → 매출액=2,000억*0.5회=1,000억

(2) 　자기자본: 500억

자산 (400%) 2,000억	부채 (300%)
	자본 (100%) 2,000/4=500억

부채비율이 300%이므로, 부채를 300%, 자본을 100%라고 봤을 때, 자산은 400%에 해당한다. 자산이 2,000억이므로 자본은 1/4에 해당하는 500억이다.

(3) 자기자본이익률: NI/자기자본=100억/500억=20%

03. ③
복구충당부채
(2018. 계리사 수정)

복구충당부채: 100,000*0.78=78,000
- 복구예상비용은 만기에 한 번 발생하므로 단순현가계수인 0.78을 곱해야 한다.
　구축물의 취득원가: 2,000,000+78,000=2,078,000

04. ②

재무제표 표시
(2020. 국가직 7급 수정)

유동·비유동 배열법을 적용하더라도 '유동-비유동'의 순서로 표시할 필요는 없다. '비유동-유동'의 순서로 표시하더라도 상관없다.

③ 일반적으로 유동과 비유동은 12개월을 기준으로 구분한다. 하지만 조선업, 건설업과 같이 재고자산을 제작하고, 대금을 회수하는 것이 긴 산업의 경우 정상영업주기(=매출채권회수기간+재고자산처리기간)가 12개월을 초과할 수 있다. 이 경우 정상영업주기 이내에 회수, 지급할 것으로 예상한다면 12개월을 초과하더라도 유동항목으로 분류한다. 자세한 사항은 7급 대비 특강을 참고하자.

---

05. ④

기말 재고자산에 포함될 항목

매출원가: 100,000+500,000-110,000=**490,000**

실사 재고자산	50,000
적송품	40,000
시송품	20,000
정확한 기말 재고자산	110,000

(1) 미착매입상품: 도착지 인도조건으로 현재 운송중이므로, 회사의 재고자산에 포함되지 않는다.

(2) 할부판매상품: 고객으로부터 회수한 금액과 상관없이 전부 판매된 것으로 보고, 재고자산에 포함하지 않는다. 매입액에 할부판매상품의 매출원가가 이미 포함되어 있기 때문에 35,000을 추가로 매출원가에 가산하지 않도록 주의하자.

---

06. ②

자본이 불변인 자본거래

다음과 같이 수정해야 한다.

	항목	발행주식 수	액면금액	자본총계
①	무상증자	**증가**	불변	불변
③	주식분할	증가	감소	**불변**
④	유상증자	증가	**불변**	증가

---

07. ②

교환

유형자산처분손익: 2,600-2,000=600 이익
신 자산 취득원가: 2,600-50=2,550

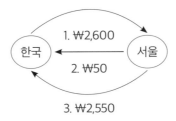

---

08. ①

재무제표의 측정기준

측정기준은 역사적 원가와 현행가치 둘로 나뉘며, 현행가치 측정기준은 공정가치, 자산의 사용가치 및 부채의 이행가치, **현행원가**를 포함한다.

09. ②

유효이자율 상각

(가) 액면이자: 1,000,000*8%=80,000

(나) 15년 말 장부금액: 965,289+96,529-80,000=**981,818**

---

10. ②

재정운영표
(2013. 국가직 9급 수정)

프로그램총원가	350,000
(-) 프로그램수익	(200,000)
프로그램순원가	150,000
(+) 관리운영비	100,000
(+) 비배분비용	50,000
(-) 비배분수익	(20,000)
재정운영순원가	280,000
(-) 비교환수익	(10,000)
재정운영결과	**270,000**

기금이므로 비교환수익을 차감하여 재정운영결과를 계산한다.

---

11. ①

기말수정분개
(2010. 계리사)

수정분개> 보험료비용 60,000 / 선급보험료 60,000

1년분 보험료가 72,000이므로, 1달분 보험료는 6,000(=72,000/12)이다.

이때, 10년에 보험기간이 해당되는 3.1~12.31까지 10달치 보험료는 10년에 비용화하고, 나머지 2달치 보험료는 11년에 비용화해야 한다. (보험료 지급일은 무관하다. 보험기간에 따라 비용화한다.)

회사는 보험료를 전부 선급비용으로 자산화한 뒤, 전혀 비용화하지 않았으므로 10달치 보험료인 60,000을 비용처리해야 한다.

따라서 수정분개를 하지 않는다면 당기순이익과 자산 모두 60,000 과대 계상된다.

---

12. ④

은행계정조정표

	회사 측		은행 측
조정 전	**30,000**	조정 전	32,000
은행이자	5,000	기발행미인출수표	(15,000)
부도수표	(15,000)		
은행수수료	(3,000)		
조정 후	17,000	조정 후	17,000

---

13. ①

지자체 회계기준

정부회계의 재무제표에는 현금흐름표가 포함된다. 선지에는 현금흐름표가 누락되어 있다.

14. ④

비자동조정오류
(2019. 서울시 9급 수정)

	X1	X2	X3
수정 전 NI			40,000
X2 재고자산		(30,000)	30,000
X3 재고자산			(20,000)
자산화	(8,000)		
감가상각	2,000	2,000	2,000
수정 후 NI	170,000		**52,000**

(나) 회사는 수선비를 비용처리했어야 하나, 자산화했으므로 X1년에 ₩8,000을 비용화한다. 그 이후, 잔존내용연수가 4년이므로 매년 ₩2,000씩 감가상각했을 것이다. ₩8,000은 전부 X1년에 비용화 되었어야 하므로 그동안 인식한 감가상각비를 부인한다.

15. ③

지분상품 회계처리
(2020. 계리사)

1. FVPL 금융자산으로 분류한 경우 X3년 당기손익: 60 감소

   (1) 주식A: 130-120=10

   (2) 주식B: 180-250=(-)70

2. FVOCI 금융자산으로 분류한 경우 X3년 당기손익: 0

   주식을 FVOCI 금융자산으로 분류한 경우 당기손익에 미치는 영향은 없다.

3. 당기손익 차이: 60

16. ④

제조원가의 분류
(2010. CPA 수정)

제조간접원가(OH): 200+40+60+50=350

가공원가: DL+OH=120+350=470

17. ②

현금흐름의 활동 구분
(2012. 계리사 수정)

자기주식의 처분과 취득에서 발생하는 현금의 유입이나 유출은 **재무활동**으로 인한 현금흐름으로 분류한다.

18. ④

변동원가계산 말문제
(2017. 계리사 수정)

① 이익조작 가능성이 높은 것은 전부원가계산이다.

② '기초 재고자산에 포함된 고정OH>기말 재고자산에 포함된 고정OH'이라면 고정OH가 발생하더라도 변동원가계산의 이익이 더 크다. 전부원가계산의 이익이 변동원가계산의 이익보다 항상 큰 것은 아니다.

③ 외부 재무보고 목적으로 주로 이용되는 것은 전부원가계산이다.

19. ①

특별주문
(2019. 지방직 9급 수정)

Step 1. 특별주문의 공헌이익 계산
특별주문 공헌이익=(600-400-50)*300개=45,000

Step 2. 고정원가 변화: 20,000 증가

Step 3. 기존 주문 감소량 계산
특별주문 수락에 따른 기존 주문 감소량: 1,000+300-1,200=100개

Step 4. 기회비용 계산: (1,000-400)*100개=60,000

Step 5. 증분이익

특별주문의 공헌이익	(600-400-50)*300개 =	45,000
고정원가 변화		(20,000)
기회비용		(60,000)
증분이익		**(35,000)**

20. ①

종합예산

제품(1분기)	
기초 400	판매 2,000
생산 2,200	기말 600

제품(2분기)	
기초 600	판매 3,000
생산 2,900	기말 500

원재료(1분기)	
기초 440	사용 4,400
매입 **4,540**	기말 580

원재료(2분기)	
기초 580	사용 5,800
매입	기말

(1) 분기별 기초 제품 수량
다음 분기 예상판매량의 20%를 기말 제품 재고로 보유하므로 각 분기별 기초 제품 수량은 다음과 같다.
1분기 기초: 2,000*20%=400개
2분기 기초: 3,000*20%=600개
3분기 기초(=2분기 기말): 2,500*20%=500개

(2) 분기별 제품 생산량
1분기: 2,000+600-400=2,200개
2분기: 3,000+500-600=2,900개

(3) 분기별 원재료 사용량
1분기: 2,200개*2kg=4,400kg
2분기: 2,900개*2kg=5,800kg

(4) 분기별 기초 원재료 수량
1분기: 4,400*10%=440kg
2분기: 5,800*10%=580kg

(5) 1분기 원재료 예상 사용량 및 원재료 예산구입액
1분기 원재료 예상 사용량: 4,400+580-440=4,540
원재료 예산구입액: 4,540*@10=**45,400**

김용재 공무원 실전동형모의고사 5회 정답 및 해설

원가관리회계	12, 15, 17, 18
정부회계	16, 20
지엽적 문제	14(종업원급여)
오래 걸리는 문제	1(이익잉여금의 마감), 18(종합원가)

1번 문제는 시산표도 제대로 그리고, 이익잉여금도 구해야 되기 때문에 시간이 꽤 오래 걸리는 문제였다. 자본 계정을 하나씩 구하는 것이 아니라, '자산-부채'의 방식으로 자본을 구했다면 보다 빠르게 문제를 풀 수 있었다.

14번 종업원급여는 공무원 회계학에는 거의 출제되지 않는 내용으로, 기본/심화 강의에서 배우지 않던 주제이다. 특수 주제 특강을 참고하자. 18번 종합원가 문제는 완성품원가를 물었기 때문에 종합원가 풀이를 처음부터 끝까지 전부 밟아야 했고, 시간이 많이 걸리는 문제였다.

01. ①
이익잉여금의 마감

1. 자본금: 40,000

시산표는 대차가 일치해야 하므로, 각 계정의 위치를 올바르게 작성했을 때 대차가 일치하게끔 자본금을 채워주면 된다.

매출원가	₩100,000	매출	₩120,000
급여	₩50,000	미지급비용	₩80,000
선급비용	₩70,000	자본금	**₩40,000**
현금	₩130,000	매입채무	₩170,000
재고자산	₩200,000	미지급금	₩50,000
미수수익	₩50,000	이익잉여금	₩140,000
계	₩600,000	계	₩600,000

2. 기말 이익잉여금: 140,000-30,000=110,000

시산표는 수익, 비용 계정이 마감되기 전 상태이므로, 문제에 제시된 이익잉여금은 당기순이익을 반영하기 전 기초 이익잉여금을 의미한다. 따라서 당기순이익을 계산하여 이익잉여금에 누적해주어야 한다.

매출	120,000
매출원가	(100,000)
급여	(50,000)
당기순손실	(30,000)

3. 자본: 40,000+110,000=150,000

|별해| 자산-부채=자본

자산: 70,000(선급비용)+130,000(현금)+200,000(재고자산)+50,000(미수수익)=450,000

부채: 80,000(미지급비용)+170,000(매입채무)+50,000(미지급금)=300,000

자본=450,000-300,000=**150,000**

02. ②
재무정보의 질적 특성

중립적 정보는 영향력이 없는 정보를 의미하지 않는다.
④ 재무정보가 유용하기 위해서는 목적적합해야 하고 & 나타내고자 하는 바를 충실하게 표현해야 한다. 표현충실성에 '목적적합성까지' 충족해야 한다.

03. ④
계속기업 가정
(2017. 계리사 수정)

계속기업 가정이 성립되지 않을 경우 **사기이(사실, 기준, 이유)**를 공시해야 한다.

04. ③
재고자산 이익률

순 매출액: 1,500,000-200,000-50,000=1,250,000
매출원가: 1,250,000/1.25=1,000,000
순 매입액: 900,000+50,000-20,000=930,000
기초상품 재고원가+930,000-1,000,000=800,000
→ 기초상품 재고원가=**870,000**

05. ④
재평가모형의 적용-토지

$$28,000 \quad \rightarrow \quad 30,000 \quad \rightarrow \quad 27,000 \quad \rightarrow \quad 35,000$$
$$\oplus\ 2,000 \qquad \ominus\ 2,000 \qquad (+)\ 1,000$$
$$(-)\ 1,000 \qquad \oplus\ \mathbf{7,000}$$

∴ OCI 잔액: 7,000

06. ③
OCI vs PL
(2010. 계리사 수정)

중단영업손익은 당기순이익에 반영되는 항목이다.

참고> 손익계산서 형태

매출액
(매출원가)
매출총이익
(판관비)
영업이익
영업외손익
법인세비용차감전순이익(EBT)
(법인세비용)
계속영업이익
중단영업손익
당기순이익(NI)
기타포괄손익(OCI)
총포괄손익(CI)

07. ①

무형자산 기준서

② 내용연수가 비한정인 무형자산과 영업권은 손상징후와 관계없이 매년 손상검사를 수행한다. (X)

③ 개발단계에서 발생한 지출은 '자산 요건 충족 시' 무형자산으로 인식한다. (X)

④ 영업권은 손상차손환입을 인식하지 않는다. (X)

08. ②

오류수정

	X0	X1
X0 재고자산	(5,000)	5,000
감가상각비 부인		5,000
평가손익 인식		50,000
수정 후 NI	(5,000)	60,000
	기말 이잉: 55,000 증가	

감가상각비: 200,000/20*6/12=5,000

평가손익: 250,000-200,000=50,000 이익

- 공정가치모형 적용 시 감가상각하지 않고, 평가손익만 인식하지만 회사가 감가상각비를 인식했으므로 감가상각비만큼 당기순이익을 증가시켜야 한다.

수정 후 NI: 150,000+60,000=**210,000**

수정 후 기말 이잉: 200,000+55,000=**255,000**

- 재고자산 평가오류는 자동조정오류이므로 기말 이잉 계산 시에는 영향을 미치지 않는다.

09. ④

자본의 증감

기초	+NI	+유상증자	-현금배당	=기말
자산 6,000,000	수익			자산 20,000,000
부채 2,800,000	비용			부채 10,000,000
3,200,000	**6,400,000**	1,000,000	600,000	10,000,000

주식배당과 이익준비금 적립은 자본 내에서 계정만 대체될 뿐 자본에 미치는 영향이 없다.

10. ④

배당액의 배분

	우선주	보통주
누적	1,000,000*5%*3회=150,000	2,000,000*5%=100,000
참가	750,000*1/3=250,000	750,000*2/3=500,000
계	400,000	**600,000**

11. ③

유형자산 일괄취득
(2011. 국가직 7급 수정)

① 토지의 취득원가: 1,000,000*300,000/1,200,000=250,000 (O)

② 건물의 취득원가: 1,000,000*900,000/1,200,000=750,000 (O)

③ 20X1년 건물의 감가상각비: (750,000-50,000)*4/10*6/12=**140,000** (X)

- 7월 1일에 취득하였으므로 6개월치 감가상각비만 인식해야 한다.

④ 20X2년말 건물의 감누: (750,000-50,000)*(4/10+3/10*6/12)=385,000 (O)

12. ④
영업레버리지도

단위당 공헌이익: 8-6=2
공헌이익률: 2/8=25%

매출액	500,000
공헌이익률	*25%
공헌이익	125,000
고정원가	(100,000)
영업이익	25,000

영업레버리지도: 125,000/25,000=**5**

별해 > 안전한계율 이용
손익분기점 매출액: 100,000/25%=400,000
안전한계: 500,000-400,000=100,000
안전한계율: 100,000/500,000=0.2
영업레버리지도: 안전한계율의 역수=1/0.2=**5**

13. ④
기말수정분개

12개월 치 임차료를 선납하였으나, 이 중 3개월만 당기 비용이고, 나머지 9개월은 차기의 비용이다. 회사는 12개월 치를 전부 비용처리하였으므로, 비용을 감소시키면서 선급임차료(선급비용)을 계상해야 한다.

선급임차료: 360,000*9개월/12개월=**270,000**

14. ②
종업원급여
(2021. 국가직 7급 수정)

	비용	자산	부채	OCI
기초		12,000	15,000	
이자(10%)	300	1,200	1,500	
당기	4,000		4,000	
지급		(3,000)	(3,000)	
적립		5,000		
재측정 전	**4,300**	15,200	17,500	
재측정		600	2,500	**(1,900)**
재측정 후		15,800	20,000	
순확정급여부채		4,200		

퇴직급여(당기비용): 4,300, 재측정요소(기타포괄손익): 1,900 감소

15. ④
직접재료원가 차이분석

	AQ*AP		AQ*SP		SQ*SP
DM	=66,000	가격차이 ②**11,000 불리**	5,500*10 =①55,000	수량차이 ⑤**5,000 유리**	③6,000*10 =④60,000

③ SQ=3kg*2,000단위=6,000kg

16. ①

국가회계기준과
지자체회계기준의 비교

장기차입부채는 지자체에는 있고, 국가에는 없는 부채 분류이다.

17. ③

제조원가의 흐름
(2020. 계리사)

	가산		차감		
직접재료	기초 매입액		기말		┘ DM: 6,000
가공원가	DL OH	6,000 3,000			┘ 당기총제조원가: 15,000
재공품	기초	6,000	기말	3,000	┘ 당기제품제조원가: 18,000
제품	기초	5,000	기말	3,000	┘ 매출원가: 20,000

기초 재공품: 3,000*200%=6,000

가공원가 9,000	
DL (1)	OH (0.5)
6,000	3,000

가공원가: 15,000-6,000(DM)=9,000 → DL=9,000/1.5=6,000
기초원가: DM+DL=6,000+6,000=**12,000**

18. ④

종합원가

		완성품환산량	
재공품(FIFO)		재료원가	가공원가
기초 75,000 (1)(0.6)	완성 250,000		
	< 75,000 (0)(0.4)	–	30,000
	175,000 (1)(1)	175,000	175,000
착수 225,000	기말 50,000 (1)(0.7)	50,000	35,000
		225,000	240,000
			@0.5

가공원가 완환량 단위당 원가: 120,000/240,000=0.5
- 선입선출법이기 때문에 당기 발생 가공원가만 완환량으로 나눈다.
완성품에 배부되는 가공원가: 0.5*(30,000+175,000)+14,000=**116,500**

19. ②

금융자산 기준서

① 관계기업투자주식 보유 시 배당금 수령액은 관계기업투자주식의 장부금액을 감소시킨다.
③ FVPL 금융자산은 평가손익을 당기손익으로 표시한다.
④ 현금흐름의 수취와 금융자산의 매도 둘 다가 목적인 경우 FVOCI 금융자산으로 분류한다.

20. ②

자산, 부채의 평가

무형자산은 '정액법'에 따라 상각한다.

원가관리회계	13, 14, 18, 20
정부회계	1, 2
지엽적 문제	19(외화환산)
계산이 어려운 문제	10(액면이자율)

19번 외화환산은 공무원 회계학에는 거의 출제되지 않는 내용으로, 기본/심화 강의에서 배우지 않았던 주제이다. 특수 주제 특강을 참고하자.

10번은 유효이자율 상각을 해야되기 때문에 계산이 좀 어렵지만, 그동안 많이 풀어본 유형이기 때문에 수월하게 풀었을 것으로 생각한다.

---

01. ②

정부회계 수익의 인식기준

연부연납 또는 분납이 가능한 국세는 징수할 세금이 확정된 때에 그 납부할 세액 '전체'를 수익으로 인식한다.

02. ④

지자체 회계기준

회계 간의 재산 이관, 물품 소관의 전환 등으로 생긴 순자산의 감소는 비용에 포함하지 않고, 바로 순자산변동표에 기재한다.

03. ③

계정별 원장
(2016. 관세직 9급 수정)

임대료		매출채권	
집합손익 ₩50,000	현금 ₩20,000	전기이월 ₩50,000	현금 ₩30,000
	선수수익 ₩30,000	매출 ₩20,000	**차기이월 ₩40,000**

③ (주)한국은 당기에 외상매출 ₩50,000이 발생하여, 그 중 ₩30,000을 현금으로 회수한 것이다. 현금매출 시 매출채권 계정의 증감이 없으므로, 현금매출은 매출채권 원장에 표시되지 않는다.

②, ④ 손익계정은 집합손익으로, 재무상태표 계정은 차기이월로 마감된다. 임대료계정은 차변에 집합손익으로 마감하며, 매출채권계정은 대변에 차기이월로 마감해야 한다.

04. ②

재무비율

평균 매출채권: 1,500
매출액: 1,500*6회=9,000

평균 재고자산: 1,000
매출원가: 1,000*5회=5,000

매출총이익: 9,000-5,000=**4,000**

---

05. ②

회계변경 및 오류수정 말문제
(2015. 계리사)

회계정책의 변경과 회계추정의 변경을 구분하는 것이 어려운 경우 회계 '추정'의 변경으로 본다.

06. ②

개념체계

개념체계는 회계기준이 아니므로, 개념체계가 회계기준에 우선하지 않는다.

07. ③

유형자산의 취득원가

초기 가동손실은 당기비용 처리한다.

08. ③

원가모형 손상차손

X0 100,000 n=5, s=0
↓ (20,000)
X1 80,000 → 40,000(MAX) **n = 4, s = 0**
↓ ↓ (10,000)
X2 60,000 ← 30,000
환입 30,000

X2년에는 회수가능액이 65,000(=MAX[50,000, 65,000])으로 회복되지만, 원가모형 하에서는 손상차손환입 한도가 60,000이므로 환입액은 30,000이다.

09. ①

재무제표 표시
(2019. 계리사)

상이한 항목은 '구분' 표시하고, 중요하지 않은 항목은 '통합' 표시할 수 있다. 구분과 통합의 위치가 바뀌어야 한다.

10. ①

표시이자율

표시이자율: 4,000/100,000=4%

	유효이자(10%)	액면이자(?)	상각액	장부금액
X0				89,565
X1	①8,957	③4,000	②4,957	94,522

① 유효이자: 89,565*10%=8,957
② 상각액: 94,522-89,565=4,957
③ 액면이자: 8,957-4,957=4,000

11. ④
현금출자

① 증자 시 자본잉여금(=주발초) 증가액: (7,000-5,000)*100주=200,000 (X)
② 증자 시 이익잉여금은 불변이다. 자본거래로 인한 자본의 증가는 수익으로 인식하지 않기 때문이다. (X)
③ 증자 후 자본금: 300주*@5,000=1,500,000 (X)
④ 증자 후 자본총액: 1,800,000+100주*@7,000=2,500,000 (O)

12. ③
충당부채의 계산

(1) X1년 제품보증비: 2,000,000*2%=**40,000**
(2) X2년 말 충당부채
 : (2,000,000+2,500,000)*2%-(8,000+17,000)=**65,000**

참고> 충당부채 증감 분석

	X1년	X2년
기초 충당부채	-	32,000
+제품보증비	**40,000**	50,000
-지출액	(8,000)	(17,000)
기말 충당부채	32,000	**65,000**

X2년 제품보증비: 2,500,000*2%=50,000

13. ③
이중배부율법
(2017. 국가직 9급 수정)

	절단부	조립부	계
변동원가	50,000	30,000	80,000
고정원가	60,000	40,000	100,000
계	**110,000**	**70,000**	180,000

14. ③
정상개별원가계산
(2013. 계리사)

예정배부율: 400,000/16,000기계작업시간=25/기계작업시간
예정배부액: 25*실제 기계작업시간=415,000+85,000=500,000
→ 실제 기계작업시간=500,000/25=20,000시간

15. ④

비자동조정오류
(2017. 서울시 9급 수정)

회사는 비품을 자산으로 처리했어야 하나, 비용화했으므로 X1년에 ₩20,000을 자산화한다. 그 이후, 매년 ₩5,000씩(=(20,000-0)/4) 감가상각해야한다.

	X1	X2	
(1) 자산화	20,000		→ 비품
(2) 감가상각	(5,000)	(5,000)	→ 감가상각누계액
	기초 이잉	당기손익	

비품: 20,000 증가

감가상각누계액: 10,000 증가 (자산이 감소하므로 감가상각누계액은 증가한다.)

기초 이익잉여금: 20,000-5,000=15,000 증가

감가상각비: 5,000 증가 (당기손익이 감소하므로 비용인 감가상각비는 증가한다.)

수정분개>

(차)	비품	20,000	(대)	이익잉여금	15,000
	감가상각비	5,000		감가상각누계액	10,000

16. ②

대손상각비

		대손상각비	매출채권	대손충당금
기초				1,000
대손		200	(1,200)	(1,000)
회수				700
설정		300		300
계		**500**		1,000

기말 대손충당금: 100,000*1%=1,000

대손 확정 시 대손충당금이 부족하므로 200은 대손상각비로 인식하고, 기말에 충당금을 설정하면서 인식한 대손상각비 300을 더하면 총 대손상각비는 500이다.

17. ③

영업권 (2011. 계리사)

영업권: 400-(600-400)*100%=**200**

18. ①

제조원가의 흐름

		가산		차감		
직접재료	기초	4,000	기말	5,000		
	매입액	25,000			┘ DM	
가공원가	DL OH	**45,000**			┘ 당기총제조원가	
재공품	기초	7,000	기말	6,000	┘ 당기제품제조원가	
제품	기초	20,000	기말	22,000	┘ 매출원가 68,000	

19. ①

외화환산
(2017. CPA 수정)

(1) 매출채권(화폐성 항목)
   외화환산차이: $200*1,000-197,000=3,000 이익

(2) 재고자산(비화폐성 항목-저가 평가)
   NRV: $310*1,000=310,000
   저가: min[310,000, 312,500]=310,000
   평가손실(PL): 312,500-310,000=2,500

(3) 토지(비화폐성 항목-공정가치 재평가)
   공정가치: $57*1,000=57,000
   취득원가(55,000)에 비해 공정가치가 크며, 자산을 X1년 중에 최초 인식하였으므로, 재평가잉여금(OCI) 2,000을 계상한다. 따라서 토지가 당기순이익에 미치는 영향은 없다.

(4) PL에 미치는 영향
   : 3,000-2,500=500 증가

20. ②

활동기준원가계산
(2016. 계리사)

Step 1. 제조간접원가 배부율=제조간접원가÷원가 동인 수
조립부문: 800,000/400노동시간=2,000/노동시간
도장부문: 700,000/500기계시간=1,400/기계시간

Step 2. 제품별 제조간접원가 배부액=제품별 원가 동인 수*제조간접원가 배부율

	A제품	B제품
DM	50,000	30,000
DL	100,000	80,000
조립부문	2,000*30노동시간=60,000	2,000*10노동시간=20,000
도장부문	1,400*30기계시간=42,000	1,400*20기계시간=28,000
제조원가	**252,000**	**158,000**

원가관리회계	5, 8, 10, 17
정부회계	13, 18
계산이 어려운 문제	4(어음의 할인)
어려운 문제	20(재무비율)

4번 어음의 할인은 계산이 어려운 주제이다. 실전에서 마주친다면 넘기고 제일 마지막에 풀어야 한다.

20번 재무비율 문제는 식을 도출해내기가 다소 까다로웠다. 도출해보다가 안되면 빠르게 포기했어야 한다.

---

01. ④

재무제표 표시
(2011. 관세사 수정)

이연법인세자산(부채)은 비유동자산(부채)으로 분류한다.

---

02. ②

무상취득

임의적립금의 적립은 이익잉여금 내에서 계정 분류만 바뀌는 것이므로 자본은 불변이다.

① 주식을 '할인' 발행하더라도 현금은 유입되므로 자본은 증가한다.

③ 현금배당 결의 시에는 현금이 실제로 지급되지는 않지만, 아래 회계처리와 같이 부채를 계상한다.

　(차) 이익잉여금 XXX (대) 미지급배당금 XXX

④ 무상취득 시 자산의 공정가치만큼 자본이 증가하는 것으로 본다.

---

03. ②

재고자산 말문제
(2018. 지방직 9급 수정)

① 새로운 시가(순실현가능가치)가 장부가액보다 상승한 경우, 평가충당금은 0이 된다. 따라서 당기비용의 차감 항목인 평가손실환입을 인식한다. (O)

② 저가법의 항목별, 조별 적용은 가능하지만, 총액 기준은 불가능하다. (X)

③ 매입단가가 지속적으로 상승하는 경우, FIFO 적용 시 기말 재고자산이 가장 마지막 매입 단가로 계상되므로 더 크게 계상된다. (기말 재고: 파>이>총>라)

　매출총이익은 재고자산과 비례하므로 FIFO의 매출총이익이 평균법에 비해 더 크게 보고된다. (O)

④ FIFO는 계속기록법과 실지재고조사법이 동일하게 적용된다. 기말 재고자산, 매출원가, 매출총이익 등 모든 것이 완전히 동일하다. (O)

---

04. ①

어음의 할인
(2010. 계리사)

어음의 만기 수령액: 10,000×(1+10%×6/12)=10,500

할인액: 10,500×12%×3/12=315

현금 수취액: 10,500 – 315 = 10,185

05. ①
변동원가계산과 전부원가 계산의 이익 차이
(2020. 지방직 9급 수정)

변동
+기말
-기초
=전부

고정OH

100*1,000단위=100,000

고정OH 배부율: 500,000/5,000개=100

기말 제품 수량: 5,000-4,000=1,000단위 (기초에 영업을 개시하였으므로 기초 제품은 없음)

06. ④
재평가모형의 적용-토지

X0		X1		
1,000,000	→	900,000	→	1,050,000
	(-)100,000 PL		(+)100,000 PL	
			⊕50,000 OCI	

X1년에 인식한 재평가손실(PL) 100,000이 있으므로 100,000은 재평가이익(PL)으로 인식하고, 초과분 50,000만 재평가잉여금(OCI)으로 인식한다. 총포괄이익은 당기순이익과 기타포괄이익의 합이므로, 150,000이다.

07. ②
이익잉여금의 처분

전기이월미처분이잉	100
X2년 당기순이익	100
X2말 미처분이잉	200
배당평균적립금 이입	40
이익준비금 적립	(20)
사업확장적립금 적립	(80)
현금배당	(50)
차기이월미처분이잉	**90**

참고> 이익잉여금의 증감
본 문제는 계리사 기출문제를 변형한 것인데, 원 문제는 주총 결의 후 '이익잉여금'을 물었었다. 이잉은 다음과 같이 계산한다. 적립금의 적립 및 이입은 이익잉여금 내에서의 이동이므로 이익잉여금에 영향을 주지 않는다.

X1년도 주총 후 이익잉여금	380
X2년 당기순이익	100
현금배당	(50)
X2년도 주총 후 이익잉여금	**430**

08. ③

제조원가의 흐름
(2018. 계리사)

	가산		차감		
직접재료	기초	2,000	기말	4,000	⌐ DM: 20,000
	매입액	22,000			
가공원가	DL	20,000			
	OH	80,000			
재공품	기초	8,000	기말	10,000	⌐ 당기제품제조원가: **118,000**
제품	기초		기말		

기본원가 (1)		
DM (0.5)	DL (0.5)	
20,000	**20,000**	
	DL (0.2)	OH (0.8)
	20,000	**80,000**
	가공원가 (1)	

09. ①

오류수정
(2019. 지방직 9급 수정)

	당기
수정전	100,000
선급보험료	60,000
미지급급여	(100,000)
미수이자	40,000
소모품비	(90,000)
수정후	**10,000**

10. ③

고저점법
(2010. 국가직 9급 수정)

Step 1. 단위당 변동원가 구하기
단위당 변동원가=(20,700-15,100)/(170-100)=80

Step 2. 고정원가 구하기
'y=80x+b'에 x=100, y=15,100 대입
→ b=7,100

Step 3. 새로운 조업도의 원가 구하기
'y=80x+7,100'에 x=200 대입
y=80*200+7,100=23,100

11. ②

영업활동 현금흐름-간접법

영업CF	=	NI	-	비영업손익	-	△영업 자산	+	△ 영업 부채
970,000	=	1,000,000		120,000 (감가비) (150,000) (유형처분익)		(300,000) (매출채권) 200,000 (재고자산)		100,000 (매입채무)

12. ④

유형자산 말문제
(2010. 계리사)

새건물을 신축하기 위해 기존 건물이 있는 토지를 취득하는 경우 철거비용은 '토지의 취득원가에' 가산한다.

13. ②

지자체의 재정운영표
(2015. 국가직 9급 수정)

사업총원가	117,000
(-) 사업수익	(39,000)
사업순원가	78,000
(+) 관리운영비	65,000
(+) 비배분비용	47,000
(-) 비배분수익	(38,000)
재정운영순원가	152,000
일반수익	**(37,000)**
재정운영결과	115,000

직접 계산한 재정운영순원가와 문제에 제시된 재정운영결과가 일치하지 않으므로 재정운영순원가에서 일반수익을 차감해야 한다. 따라서 문제에서 행정형 회계인지, 사업형 회계인지에 대한 언급이 없지만 사업형 회계를 가정하고 문제를 풀어야 한다.

14. ②

투자활동 현금흐름

현금흐름	=	NI	-	△자산	+	△부채
100,000	=	(50,000)		(40,000)		
(150,000)		40,000				

대변을 정리하면 유형자산 관련 순현금흐름은 50,000 유출이다. 이 중 기계장치 처분으로 인해 100,000의 유입이 발생하였으므로, 150,000의 현금유출이 있었을 것이다. 이 금액이 기계장치의 취득원가가 된다.

15. ④

채무상품 회계처리
(2019. 계리사 수정)

A사채는 원리금 수취와 매매차익 모두를 기대하므로 FVOCI 금융자산으로, B주식은 FVOCI 선택 금융자산으로 분류한다.
① FVOCI 금융상품의 공정가치 평가손익은 OCI로 인식한다. (O)
② 주식으로부터 수령한 배당금은 계정의 분류와 무관하게 반드시 PL로 인식한다. (O)
③, ④ FVOCI 선택 금융상품(지분상품)은 FVOCI 금융자산(채무상품)과 달리 OCI를 재분류조정할 수 없다.

16. ②

법인세회계

	X1(20%)	X2~(20%)
EBT	50,000	
차감할 일시적 차이	10,000	(10,000)
접대비 한도 초과	5,000	
과세소득	65,000	
법인세부담액	13,000	**(2,000)**

이연법인세자산: 10,000*20%=2,000

회계처리>
(차) 법인세비용 **11,000** (대) 미지급법인세 13,000
    이연법인세자산 2,000

문제에서 이연법인세자산의 인식조건이 충족된다고 했으므로 자산을 계상할 수 있다.
당기에 설립하였으므로 기초 이연법인세자산, 부채는 없다.

17. ①
종합원가-공손
(2021. 국가직 9급 수정)

재공품(FIFO)

기초	100,000 (0.4)	완성	600,000
			100,000*
			500,000*
		공손	100,000 (0.5)
			정상 80,000
			비정상 **20,000**
착수	800,000	기말	200,000* (0.8)

(1) 공손수량: 100,000+800,000-600,000-200,000=100,000개

(2) 당기 중 검사 통과 여부
- 기초 재공품이 완성된 물량: '기초 완성도 0.4 < 검사 시점 0.5'이므로 검사 통과 O
- 당기에 착수하여 완성된 물량: 무조건 검사 통과 O
- 기말 재공품: '기말 완성도 0.8 > 검사 시점 0.5'이므로 검사 통과 O

(3) 정상공손수량 및 비정상공손수량
*정상공손수량: (100,000+500,000+200,000)*10%=80,000개
비정상공손수량: 100,000-80,000=**20,000개**

18. ①
유가증권의 평가

유가증권은 총평균법 등을 적용한다.

19. ④
재무제표의 측정기준

사용가치와 이행가치는 시장참여자의 가정보다는 기업 특유의 가정을 반영한다. 시장참여자의 가정을 반영하는 것은 공정가치이다.

20. ②
재무비율

문제에서 자산을 물었기 때문에 자산을 구할 수 있는 식을 도출한 다음, 마지막에 계산하는 것이 편하다.

매출액순이익률=NI/매출액
자산회전율=매출액/자산
→ 매출액순이익률*자산회전율=NI/자산
→ 자산=NI/(매출액순이익률*자산회전율)

기업별 자산
A: 350/(10%*2.5)=1,400억
B: 450/(15%*2)=1,500억
C: 600/(20%*2.5)=1,200억
D: 500/(25%*2)=1,000억

원가관리회계	7, 11, 13, 20
정부회계	15, 16
지엽적 문제	18(무상감자), 20(불확실성 하의 의사결정)
계산이 어려운 문제	5(국공채의 취득), 10(총이자비용)
오래 걸리는 문제	11(CVP분석)

5번 국공채의 취득 문제와 10번 총이자비용 문제는 현재가치를 구했어야 했기 때문에 계산이 다소 어려웠다. 일단 넘기고 맨 마지막에 차분히 풀었다면 충분히 풀 수 있는 문제였다.

11번 CVP분석 문제는 계산형 말문제여서 보기를 일일이 판단하는데 시간이 걸리는 문제였다.

18번 무상감자는 중요한 주제는 아니기 때문에 기억하지 못했을 수도 있다. '무상감자는 감자차손이 발생할 수 없다.'는 내용만 기억했다면 쉽게 답을 골라낼 수 있는 문제였다.

20번 불확실성 하의 의사결정은 지금까지 딱 한 번밖에 출제되지 않았고, 실전에서 제한된 시간 안에 풀기 어렵기 때문에 다루지 않았던 주제이다. 이해하려고 하지 말고, 구경만 하고 넘어가길 바란다.

---

01. ④
재무정보의 질적 특성

같은 거래인데 여러 가지 회계처리를 허용하게 되면 회계처리만 보아서는 같은 거래라는 것을 파악하기 어려우므로 비교가능성이 감소한다.

② 비교가능성은 목표이고, 일관성은 수단이다. 따라서 일관성이 비교가능성을 달성하는 데 도움을 준다.

02. ①
영업활동 현금흐름-직접법
(2010. 계리사)

	현금흐름	=	NI	−	△자산	+	△부채
공급자	(350)		① (400) (매출원가)		10 (상품)		② 40 (매입채무)

① 매출원가: 500-100=400

② 매입채무 증감액: 대차를 일치시켜야 하므로, 40 증가이다.

기말 매입채무: 80+40=**120**

03. ③
원가흐름의 가정

실지재고조사법을 따르면서 평균법을 적용하고 있기 때문에 총평균법에 따른 매출원가를 구하면 된다. 전체 판매가능상품을 평균하여 단위당 원가를 구한 뒤, 판매량을 곱하면 매출원가를 구할 수 있다.

총 판매가능상품: 100,000+340,000+360,000=800,000 (1,000개)

단위당 원가: 800,000/1,000개=@800

판매량: 500개+200개=700개

매출원가: 700개*@800=560,000

04. ②
소매재고법
(2011. 계리사)

	원가	매가			원가	매가
기초	50	100	매출		500
매입	400	500	기말	⑤375	
				④75	③100
계	①450	①600	계	②450	②600

원가율(평균법): 450/600=75%
기말재고자산 원가: 100*75%=75
매출원가: 450-75=375
매출총이익: 500-375=**125**

05. ①
국공채의 취득
(2019. 계리사)

채권의 PV: 50,000*0.79+2,500*2.58=45,950
건물의 취득원가: 100,000+(50,000-45,950)=104,050

06. ①
재무제표 표시
(2013. 계리사 수정)

기업은 '현금흐름 정보를 제외하고는' 발생기준 회계를 사용하여 재무제표를 작성한다.

07. ①
제조원가의 흐름

	가산		차감		
직접재료	기초 매입액		기말		⌐ DM
가공원가	DL OH				⌐ 당기총제조원가 60,000
재공품	기초	50,000	기말	70,000	⌐ 당기제품제조원가
제품	기초	80,000	기말	90,000	⌐ 매출원가 **30,000**

영업이익: 45,000-30,000-10,000(판관비)=5,000

08. ①
교환

유형자산처분손익: 1,960-1,000=960 이익

09. ①
대손상각비

		대손상각비	매출채권	대손충당금
	기초			21,000
	대손		(10,000)	(10,000)
	설정	**24,000**		②24,000
	기말		285,000	①35,000

① 기말 대손충당금: 285,000-250,000=35,000
② 대손상각비: 35,000-11,000=**24,000**
-설정 전 대손충당금 잔액: 21,000-10,000=11,000

10. ①

총이자비용

현재가치: 1,000,000*0.84+100,000*2.67=1,107,000

총 이자비용: 1,000,000+100,000*3회-1,107,000=**193,000**

11. ④

완화된 가정의 CVP분석
(2020. 지방직 9급 수정)

① 급여체계 변경 후 공헌이익률: 60%-10%=50% (O)
  - 성과급 지급 시 변동비율이 10% 상승하므로, 공헌이익률은 10% 하락한다.
② 안전한계 판매량: 1,000-800=200단위 (O)
  - 손익분기점 판매량: 고정원가/단위당 공헌이익=(15,000+21,000+12,000)/(100*60%)
    =48,000/60=800단위
③ 손익분기점 판매량 증가분: 840-800=40단위 증가 (O)
  - 급여체계 변경 후 손익분기점 판매량: 42,000/50=840
④ 판매량은 600단위 미만이어야 함. (X)
  변경 후 영업이익: 50X-42,000 > 변경 전 영업이익: 60X-48,000 (단, X는 판매량)
  위 식을 정리하면, X < 600

12. ④

감가상각 말문제

감가상각의 변경은 회계추정의 변경이므로, 전진법을 적용한다. 당기와 이후 기간에만 수정된 추정치를 반영하여 감가상각비를 인식한다.

13. ①

단계배부법
(2017. 계리사 수정)

감가상각의 변경은 회계추정의 변경이므로, 전진법을 적용한다. 당기와 이후 기간에만 수정된 추정치를 반영하여 감가상각비를 인식한다.

	보조부문 S2	보조부문 S1	제조부문 P1	제조부문 P2
배부 전 S2	50,000 (50,000)	60,000 10,000	200,000 20,000	250,000 20,000
계 S1	-	70,000 (70,000)	28,000	42,000
배부 후	-	-	**248,000**	**312,000**

S2를 먼저 배부하기 때문에 'S2-S1'의 순서로 표를 그려서 보조부문원가를 배부해야 한다.
P1과 P2의 선지 금액이 다 다르기 때문에 P1만 계산해도 답을 구할 수 있었다.

14. ③

자기주식 거래

① 자본총계: 200주*@15,000=3,000,000 증가 (X)
② 자본잉여금(자기주식처분이익): 200주*(15,000-10,000)=1,000,000 증가 (X)
③ 자본조정 합계액(자기주식): 200주*@1,000=2,000,000 증가 (O)
  - 자기주식은 자본조정을 줄이는 역할을 하기 때문에, 자기주식이 감소하면 자본조정은 증가한다.
④ 자본금은 불변 (X)

|회계처리|
(차) 현금 3,000,000 (대) 자기주식 2,000,000
                              자기주식처분이익 1,000,000

15. ④

자산, 부채의 평가

미래예상거래의 현금흐름변동위험을 회피하는 파생상품 계약에서 발생하는 평가손익은 '순자산조정'(≒OCI)에 반영한다.

16. ②

지자체 회계기준

지자체는 순자산을 고정순자산, 특정순자산, 일반순자산(고특일)로 구분한다. 선지에 제시된 기적순은 국가의 순자산 분류이다.

17. ①

원재료의 저가법 적용

(1) 제품 A
  NRV=11,000-500=10,500
  취득원가에 비해 NRV가 크므로 평가손실을 인식하지 않는다.
  기말 제품: 10개*@10,000=100,000

(2) 원재료 a: '㈜한국은 단일 제품만을 생산, 판매한다'는 언급이 있으므로, 원재료 a를 이용하여 생산되는 제품이 제품 A이다. 제품 A가 평가손실은 인식하지 않았으므로, 원재료 a도 평가손실을 인식하지 않는다.
  기말 원재료: 10kg*@2,000=20,000

(3) 기말 재고자산: 100,000(제품)+20,000(원재료)=120,000

(4) 총비용: 기초 재고+매입액-기말 재고=100,000+1,000,000-120,000=**980,000**

18. ④

감자&상환우선주

형식적 감자(무상감자) 시에는 감자차손이 발생할 수 없으며, 감자차익만 발생할 수 있다.

19. ④

투자활동 현금흐름
-감가상각비를 제시하지 않는 경우

50(기초 감누)+감가비-20(처분 감누)=80(기말 감누)
→ 감가비=50

CF	=	NI	-	△ 자산	+	△ 부채
(-)75	=	(-)50(감가비) (-)5(처분손실)		(50) (기계장치)		30 (감누)

감누가 문제에는 음수로 제시되어 있지만, 부채로 처리하기 위해서는 양수로 보아야 한다. 따라서 50에서 80으로 30 증가했다고 보고, 30을 양수 그대로 적는다.

20. ②

불확실성 하의 의사결정
(2014. 국가직 9급 수정)

지금까지 딱 한 번밖에 출제되지 않았고, 실전에서 제한된 시간 안에 풀기 어렵기 때문에 다루지 않았던 주제이다. 이해하려고 하지 말고, 구경만 하고 넘어가길 바란다.

고정원가는 각 제품의 생산량과 무관하므로 공헌이익을 극대화하면 영업이익이 극대화된다.

공헌이익=2,400,000G+3,750,000H
기계시간: 2G+5H≤600 … ①
검사시간: G+0.5H≤120 … ②

①, ②번 조건을 충족시키면서 공헌이익을 극대화하면 된다. 공헌이익 식의 기울기가 ①, ②번 식의 기울기 사이에 있기 때문에, ①, ②번 식의 교점에서 공헌이익은 극대화된다.
교점은 (G=75, H=90)이다.

원가관리회계	13, 14, 19, 20
정부회계	9, 10
시간이 많이 걸리는 문제	6
계산형 말문제	14

전반적으로 무난한 회차였다.

6번 재무비율은 각 비율에 미치는 영향을 하나씩 따졌어야 하기 때문에 시간이 많이 걸린다.

14번 문제는 계산형 말문제이므로, 넘기고 제일 마지막에 풀어야 한다.

---

01. ①

재무제표 표시

재고자산평가충당금과 대손충당금과 같은 평가충당금을 차감하여 관련 자산을 순액으로 측정하는 것은 상계표시에 해당하지 않는다.

---

02. ②

재무정보의 질적 특성

오류가 없는 서술이란 모든 면이 완벽하게 정확하다는 것을 의미하지는 않는다.

---

03. ②

원가흐름의 가정

실지재고조사법에 따라 가중평균법을 사용하면 총평균법을 적용한다는 뜻이다.

(1) 단위당 원가: 판매가능상품 금액/판매가능상품 수량=2,000/100개=@20
　① 판매가능상품 금액: 100+1,000+900=2,000
　② 판매가능상품 수량: 10개+40개+50개=100개

(2) 매출원가: 판매 수량*단위당 원가=80개*@20=1,600
　① 판매 수량: 50개+30개=80개

(3) 매출총이익: 매출액-매출원가=3,500-1,600=1,900
　① 매출액: 2,000+1,500=3,500

---

04. ②

현금주의와 발생주의 간의 전환

현금흐름	=	영업 손익	-	△영업 자산	+	△영업 부채
5,950	=	(6,000)				50

---

05. ①

충당부채 말문제

미래의 예상 영업손실은 충당부채로 인식하지 않는다.

---

06. ①
재무비율

| 회계처리 |

| (차) | 현금 | 150,000 | (대) | 매출 | 150,000 |
| (차) | 매출원가 | 100,000 | (대) | 재고자산 | 100,000 |

	분자	분모	비율
당좌비율	당좌자산 150,000 증가	유동부채 불변	**증가**
유동비율	유동자산 50,000 증가	유동부채 불변	**증가**

(1) 유동자산: 50,000 증가 (현금 150,000 증가 & 재고자산 100,000 감소)

(2) 재고자산: 100,000 감소

(3) 당좌자산: 유동자산-재고자산=50,000 증가-100,000 감소=150,000 증가 (=현금 150,000 증가)

(4) 유동부채는 건드리지 않았다.

07. ②
감가상각

X2년 말 감가상각누계액: (780,000-30,000)*(5/15+4/15*9/12)=**400,000**

- X1.4.1에 취득하였으므로 X1.4.1~X2.4.1까지는 상각률 5/15를, X2.4.1~X2.12.31까지는 상각률 4/15를 적용해야 한다.

08. ③
총이자비용

(1) 총이자비용: 액면금액+액면이자*만기-발행금액
=100,000+10,000*3-95,000=35,000

(2) 발행금액: 액면금액*단순현가계수+액면이자*연금현가계수
=100,000*0.71+10,000*2.40=95,000
- 액면이자는 10,000(=100,000*10%)이며, 만기 3년, 시장이자율 12%이므로 0.71과 2.40을 현가계수로 사용해야 한다.

09. ④
재정운영표 말문제

비교환수익은 직접적인 반대급부 없이 발생하는 국세, 부담금, 기부금, 무상이전 및 제재금 등의 수익이다.

10. ③
재정운영표 계산문제

프로그램총원가	500,000
(-)프로그램수익	(200,000)
프로그램순원가	300,000
(+)관리운영비	100,000
(+)비배분비용	10,000
(-)비배분수익	(50,000)
재정운영순원가	**360,000**
(-)비교환수익	(300,000)
재정운영결과	**60,000**

'기금회계'는 사업형회계로, 재정운영순원가에서 비교환수익을 차감해야 재정운영결과를 구할 수 있다.

11. ④

재평가모형

20X1년 초 재평가잉여금의 잔액이 있는 상태에서 재평가이익이 발생했으므로 재평가이익은 OCI(재평가잉여금)로 인식해야 한다. 따라서 당기순이익이나 이익잉여금은 불변이며, 기타포괄손익이 40,000 증가한다. 기타포괄손익이 증가하므로 자본도 증가한다.

| 회계처리 |

(차)	건물	40,000	(대)	재평가잉여금(OCI)	40,000

12. ④

자동조정오류

	X1	X2
X1 재고	500	(500)
X2 재고		1,000
계	**500 증가**	**500 증가**

기말수정분개를 할 경우 X1년과 X2년의 당기순이익 모두 500씩 증가한다. '오류가' 각 연도별 당기순이익에 미치는 영향은 500 과소이다.

참고> 기말수정분개

(1) X1년

(차)	재고자산	500	(대)	**매출원가**	500

매출원가가 500 감소하므로 당기순이익은 500 증가한다.

(2) X2년

(차)	**매출원가**	500	(대)	이익잉여금	500
(차)	재고자산	1,000	(대)	**매출원가**	1,000

매출원가가 500 감소(=500 증가+1,000 감소)하므로 당기순이익은 500 증가한다.

13. ③

고저점법

(1) 기계가동시간 당 변동원가
  : (250,000-210,000)/(6,000-4,000)=20
  - 고저점법은 원가가 아닌 조업도가 가장 높은 점과 낮은 점을 이용해야 한다.

(2) 고정원가
  : 20*4,000시간+고정원가=210,000
  → 고정원가=130,000

(3) 4분기의 윤활유원가: 20*5,500시간+130,000=**240,000**

14. ④
완성품환산량

(1) 평균법

재공품(평균법)		완성품환산량	
		재료원가	가공원가
기초 1,000 (1)(0.6)	완성 2,400 (1)(1)	2,400	2,400
착수 2,000	기말 600 (1)(0.5)	600	300
		①3,000	③2,700

(2) 선입선출법(FIFO)

재공품(FIFO)		완성품환산량	
		재료원가	가공원가
기초 1,000 (1)(0.6)	완성 2,400		
	1,000 (0)(0.4)	-	400
	1,400 (1)(1)	1,400	1,400
착수 2,000	기말 600 (1)(0.5)	600	300
		②2,000	④2,100

선입선출법에 의한 가공원가의 완성품환산량은 2,100개이다.

15. ④
무형자산 기준서

최초에 비용으로 인식한 무형항목에 대한 지출은 이후에 무형자산의 원가로 인식할 수 없다.

16. ②
지분상품 회계처리

당기손익: (1)+(2)+(3)=**500 손실**

(1) 거래수수료: 1,500 손실
FVPL 금융자산은 취득부대비용을 당기비용으로 인식한다. FVPL 금융자산의 취득원가는 40,000이며, 주당 취득원가는 800(=40,000/50주)이다.

(2) 처분손익: (900-800)*30주=3,000 이익
주당 800에 취득한 주식을 주당 900에 처분하였으므로 주당 처분이익은 100이다.

(3) 공정가치 평가손익: (700-800)*20주=2,000 손실
주당 800에 취득한 주식의 주당 공정가치가 700이므로 주당 평가손실은 100이다.

17. ③
현금출자

(1) 20x1년 1월 1일 주식발행초과금 증가액: (발행금액-액면금액)*발행 주식수
=(6,000-5,000)*1,000주=1,000,000

(2) 20x1년 7월 1일 주식발행초과금 증가액: (발행금액-액면금액)*발행 주식수-직접발행원가
=(7,000-5,000)*1,000주-500,000=1,500,000

(3) 20x1년 12월 31일 주식발행초과금 잔액: 1,000,000+1,500,000=**2,500,000**

18. ① 정부보조금

취득원가 순액: 취득원가-정부보조금=4,000,000-1,500,000=2,500,000
X5년 초 장부금액: 2,500,000-(2,500,000-500,000)*3.5/5=1,100,000
유형자산처분손익: 1,300,000-1,100,000=**200,000 이익**

19. ① 정상개별원가계산

(1) 제조간접원가 예정배부율=예정 제조간접원가÷예정(기준) 조업도
: 190,000/3,800직접노동시간=50/직접노동시간

(2) 제조간접원가 배부액=실제조업도×예정배부율
: 450시간*50/직접노동시간=22,500

(3) 배부차이=배부액-실제 제조간접원가
: 22,500-실제 제조간접원가=1,300 (과대배부)
→ 실제 제조간접원가=**21,200**

20. ③ 결합원가

	매출액	제조원가	결합원가
X	300개*@500=150,000	150,000*70%=105,000	105,000-45,000=**60,000**
Y	200개*@250=50,000		
계	200,000		

(1) 총 제조원가: 75,000(결합원가)+65,000(추가가공원가)=140,000
- 총 추가가공원가: 300개*@150+200개*@100=65,000

(2) 기업 전체의 매출원가율: 총 제조원가/총 매출액=140,000/200,000=70%

원가관리회계	9, 10, 13, 18
정부회계	14, 15
계산형 말문제	9, 12
어려운 문제	19

19번 법인세 회계는 기초 이연법인세자산, 부채를 직접 구해야 해서 난이도가 높았다. 실전에서 기초 이연법인세자산, 부채를 제시하지 않는다면 풀지 말고 넘겨야 한다.

---

01. ①

재무제표 표시

재측정요소는 재분류조정 대상이 아닌 기타포괄손익이다. '잉금재, 해위 XO' 중 세 번째 '재'에 해당한다.

02. ④

재무정보의 질적 특성

문제의 요구사항을 주의해야 하는 문제였다. 문제에서는 '보강시키는 질적 특성'을 물었다. 예측가치는 목적적합성과 관련된 내용이다. 목적적합성은 근본적 특성에 해당하므로, 보강적 질적 특성에 대한 설명이 아니다.

03. ③

자본에 미치는 영향

유상증자	6,000*300주	=1,800,000
자기주식 취득	(7,000)*100주	=(700,000)
자기주식 처분	8,000*50주	400,000
NI		1,000,000
OCI	700,000-600,000	=100,000
기말 자본		**2,600,000**

(1) 유상증자, 자기주식 취득/처분

　자본거래가 자본에 미치는 영향은 '현금 유출입'과 일치한다. 유상증자와 자기주식 처분 시 유입되는 현금만큼 자본이 증가하고, 자기주식 취득 시 유출되는 현금만큼 자본이 감소한다.

(2) 자기주식 소각 및 이익준비금 적립

　자기주식 소각 및 이익준비금 적립 시에는 자본 내에서 분류만 바뀔 뿐, 현금의 유출입이 없으므로 자본 변동도 없다.

(3) NI(당기순이익) 및 OCI(기타포괄손익)

　NI와 OCI는 자본을 늘리는 역할을 한다. FVOCI 금융자산의 평가이익은 OCI로 인식한다.

04. ②

영업활동 현금흐름-간접법
(2013. 계리사)

영업 현금흐름	=	NI	-	비영업손익	-	△영업 자산	+	△ 영업 부채
2,030		2,000				40 (매출채권)		20 (매입채무) (30) (미지급임대료)

대부분의 문제는 기초 자료가 왼쪽, 기말 자료가 오른쪽에 제시되나, 이 문제는 기초(전기말)가 오른쪽, 기말(당기말)이 왼쪽에 제시되었다. 따라서 왼쪽에 있는 당기말 금액에서 오른쪽에 있는 전기말 금액을 차감해야 자산, 부채의 증감액을 구할 수 있다. 건물은 투자자산이므로 영업활동 현금흐름 계산 시 무시한다.

05. ①

재고자산 관련 비율
- 재고자산 손실액

(1) 매출원가

매출액 (1)	800,000
매출총이익 (0.3)	
매출원가 (0.7)	800,000*(1-30%)=560,000

(2) 손실 전 재고자산: 50,000+720,000-560,000=210,000

(3) 손실액: **210,000**
- 창고에 있던 재고자산이 '모두' 멸실되었으므로 손실액은 손실 전 재고자산인 210,000이다.

06. ②

재무비율

부채비율=부채/자본=600/400=150%

(1) 자본: 400
자기자본이익률=NI/자본=25%
매출액순이익률=NI/매출액=5%
자산회전율=매출액/자산=2

'자산=1,000'이므로 매출액=2,000,
NI=2,000*5%=100
자본=100/25%=400

(2) 부채: 자산-자본=1,000-400=600

07. ③

감가상각의 변경

X0	5,000	n=4, s=1,000, 정액법
	↓	(2,000)=(5,000-1,000)*2/4
X2	3,000	n=4, s=1,000, 연수합계법
	↓	(800)=(3,000-1,000)*4/10
X3	2,200	

(1) 상각방법 및 내용연수
감가상각 변경 후 연수합계법을 적용하므로 취득 후 첫해인 것처럼 상각한다. 내용연수를 X6년말까지 연장하였으므로 4년이 되며, 상각률은 4/10이다.

(2) 잔존가치
잔존가치는 변경하지 않았으므로, 변경 전 잔존가치인 1,000을 차감해야 한다. 잔존가치가 항상 0은 아니므로 주의하자.

08. ②

차입원가 자본화
(2021. 계리사 수정)

```
X1                          12.31
4.1    160,000*9/12    =120,000
10.1    80,000*3/12    =20,000
                        ─────────
                        140,000


특정    120,000*9/12   =90,000    (5%)     →4,500
일반   (140,000        -90,000)   (10%)    →5,000   (한도: 4,000)
                                           ─────────
                                            8,500
                                           ═════════

일반    80,000*6/12    =40,000    (10%)    →4,000
```

09. ①

CVP 분석

① 공헌이익률: 단위당 공헌이익/단위당 판매가격=15/50=30% (X)
- 단위당 공헌이익: 50-35=15
② 손익분기점 판매량: 고정원가/단위당 공헌이익=75,000/15=5,000단위 (O)
③ 고정원가 10% 감소 시 손익분기점 판매량=75,000*0.9/15=75,000/15*0.9=4,500
- 손익분기점 판매량을 4,500단위로 직접 계산하지 않더라도, 기존 식(75,000/15)에 0.9를 곱한 것과 같기 때문에, 손익분기점 판매량이 10% 감소한다는 것을 알 수 있다. (O)
④ 안전한계: 매출액-손익분기점 매출액=255,000-250,000=5,000 (O)
- 손익분기점 매출액: 고정원가/공헌이익률=75,000/30%=250,000

별해>손익분기점 매출액: 손익분기점 판매량*단위당 판매가격=5,000단위*@50=75,000

10. ②

제조원가의 흐름

	가산		차감		
원재료	기초 매입액	44,000 66,000	기말	20,000	┘ DM
가공원가	DL OH	600,000			┘ 당기총제조원가
재공품	기초	48,000	기말	30,000	┘ 당기제품제조원가
제품	기초	20,000	기말	58,000	┘ 매출원가: **670,000**

문제에서 매출원가를 물었다. 따라서 직접재료~제품까지 '가산' 아래에 있는 금액을 전부 더하고, '차감' 아래에 있는 금액을 전부 빼면 된다.

11. ③

자본이 불변인 자본거래

주식분할의 경우 총발행주식수가 증가하지만, 액면금액이 감소하여 자본금은 불변이다.

12. ③

지분상품 회계처리

① A주식은 FVOCI 선택 금융자산이므로 처분 시 '처분손익'이 아닌 '평가손익'을 인식한다. (X)

② 금융자산평가손익: (10,000-13,000)*100주=(-)300,000 손실 (X)

③ 22년 말 FVOCI 금융자산: 50주*8,000=400,000 (O)

④ 22년 NI에 미치는 영향: 300,000 감소 (X)
  - A주식은 FVOCI 선택 금융자산이므로 처분손익은 없으며, 평가손익을 전부 OCI로 인식한다. PL로 인식하는 손익은 B주식의 평가손실 300,000이 전부이다.

13. ④

결합원가

제품	매출액	제조원가	결합원가
A	500단위*60=30,000	30,000*80%=24,000	24,000-8,000=**16,000**
B	400단위*50=20,000	20,000*80%=16,000	16,000-6,000=10,000

문제에서 균등매출총이익률(20%)을 제시하였으므로, 각 제품별 매출원가율은 80%(=1-20%)이다.

14. ③

지자체 회계기준

지방자치단체의 자산은 유동자산, 투자자산, 일반유형자산, 주민편의시설, 사회기반시설, 기타 비유동자산으로 분류한다. '무형자산'을 '주민편의시설'로 교체해야 한다.

15. ②

국가와 지자체 회계기준 비교

지방자치단체는 회계 간의 재산 이관이나 물품 소관의 전환으로 취득한 자산의 가액을 직전 회계실체의 장부가액으로 평가한다. ②번은 국가회계기준의 규정이다. 지방자치단체는 국가와 달리 물품 소관의 전환을 무상거래와 유상거래로 구분하지 않는다.

16. ①

저가법

BQ×BP	2,000개 ×@12=24,000
	> 감모손실 2,400
AQ×BP	1,800개×@12=21,600
	> 평가충당금 5,400
AQ× 저가	1,800개×@9=16,200

(1) 감모손실: (2,000-1,800)*12=**2,400**
  기말 재고자산의 취득원가는 회사가 파악한 금액이므로 장부상에 기록된 금액이며, 'BQ×BP'을 의미한다. 'BQ×BP'가 24,000이고, 장부상 수량(BQ)이 2,000개이므로 BP는 12이다.

(2) 평가손실: 5,400-0=**5,400**
  저가=min[BP, NRV]=min[12, 9]=9
  기말 평가충당금: 1,800*(12-9)=5,400
  기초재고의 단위당 원가(BP)와 순실현가능가치(NRV)가 동일하므로, 기초재고는 BP와 저가가 일치하며, 기초 평가충당금은 없다. 따라서 기말 평가충당금 5,400이 곧 평가손실이 된다.

17. ①
유효이자율법

할인발행, 할증발행 모두 상각액은 점차 증가한다.
② 할인발행은 표시이자율보다 시장이자율이 **높은** 상황에서 발생한다.
③ 할인발행의 경우 이자비용은 점차 **증가**한다.
④ 할증발행의 경우 이자비용은 액면이자보다 **작다.**

18. ②
종합원가

완환량 차이: 6,000단위*40%=**2,400 평균법이 더 크다.**

평균법과 선입선출법의 완환량 차이는 기초재공품의 완환량이다. 평균법은 완성품의 완성도를 전부 1로 보지만, 선입선출법은 기초재공품이 완성된 수량의 완성도를 '1-기초재공품의 완성도'로 보기 때문이다.

참고> 평균법과 선입선출법의 완성품환산량

재공품(평균법)		가공원가 완성품환산량
기초 6,000 (0.4)	완성 20,000 (1)	20,000
착수	기말 5,000 (0.8)	4,000
		24,000

재공품(FIFO)		가공원가 완성품환산량
기초 6,000 (0.4)	완성 20,000	
	6,000 (0.6)	3,600
	< 14,000 (1)	14,000
착수	기말 5,000 (0.8)	4,000
		21,600

완성품환산량 차이: 24,000-21,600=2,400 평균법이 더 크다.

19. ③
법인세회계

1. X2년 기초 이연법인세자산: 1,000,000*20%=200,000

	X1(20%)	X2~(20%)
EBT	10,000,000	
퇴직급여 한도 초과	1,000,000	(1,000,000)
접대비 한도 초과	300,000	
과세소득	11,300,000	(1,000,000)
법인세부담액	2,260,000	(200,000)

X2년과 X3년에 각각 500,000씩 추인되므로, 차감할 일시적 차이는 총 1,000,000이다. 세율은 모두 20%이므로 X1년말(=X2년초) 이연법인세자산은 200,000이다.

2. X2년 당기법인세부채 및 기말 이연법인세자산

	X2(20%)	X3~(20%)
EBT	10,000,000	
퇴직급여 한도 초과	(500,000)	(500,000)
접대비 한도 초과	500,000	
과세소득	10,000,000	(500,000)
법인세부담액	2,000,000	(100,000)

(1) 당기법인세부채: 10,000,000*20%=2,000,000
(2) 기말 이연법인세자산: 500,000*20%=100,000

3. X2년 법인세 회계처리

(1) 기초 제거	이연법인세부채	–	이연법인세자산	200,000
(2) 기말 계상	이연법인세자산	100,000	이연법인세부채	–
(3) 당기 부채&비용	법인세비용	**2,100,000**	당기법인세부채	2,000,000

20. ②
종업원급여

	비용	자산	부채	OCI
기초		100,000	110,000	
이자(10%)	1,000	10,000	11,000	
당기	30,000		30,000	
지급		(20,000)	(20,000)	
적립		15,000		
재측정 전	31,000	105,000	131,000	
재측정		–	–	
재측정 후		105,000	131,000	
순확정급여부채		**26,000**		

재측정요소는 없다고 가정하였으므로, 재측정 전, 후 금액은 동일하다.

김용재 공무원 실전동형모의고사 11회 정답 및 해설

원가관리회계	5, 16, 17, 19
정부회계	7, 20
계산형 말문제	19
어려운 문제	2, 5, 10

11회 모의고사는 22년 경찰간부후보생 시험 기출문제를 중심으로 구성하였다. 출제 주제는 공무원 시험과 굉장히 유사하나, 난이도는 공무원 시험에 비해 다소 높다. 전반적으로 다른 회차에 비해 난이도가 높다고 느꼈을 것이다.

2번 자본유지개념, 10번 소매재고법은 응용문제로 출제되어 풀기 쉽지 않았다. 자본유지개념은 최근에 공무원 시험에서도 자주 등장하는 주제이므로 반드시 알아두자.

5번 정상개별원가계산은 제조간접원가 원장을 해석하는 것이 어려웠다. 제조간접원가 원장은 공무원 시험에도 출제될 수 있으므로, 해석하는 방법을 알아두자.

---

01. ①
재무제표 표시

경영진이 기업을 청산하거나 경영활동을 중단할 의도를 가지고 있지 않거나, 청산 또는 경영활동의 중단 외에 다른 현실적 대안이 없는 경우가 아니면 계속기업을 전제로 재무제표를 작성한다.

02. ①
자본유지개념

		명목화폐	불변구매력	실물자본
영업이익		이익: 300	이익: 200	이익: **(200)**
보유이익	초과이익			자본유지조정: 500
	물가상승		100	

기말 자산: 1,000+300=1,300
- 실물자본유지개념 하에서는 현행원가기준으로 측정한다.

총 이익: 1,300-1,000=300
보유이익: 1,000*(300-200)/200=500
실물자본유지개념에서 손익: 300-500=(-)200 손실

참고>
물가상승분: 1,000*10%=100

03. ②
영업활동 현금흐름-직접법

	현금흐름	=	영업 손익	-	△영업 자산	+	△ 영업 부채
고객	100 현금매출 520 회수액		②600 매출액		③20 매출채권		
공급자	(400) 매입액		①(420) 매출원가		20 재고자산		

매출액=매출원가+매출총이익=420+180=600

- 매출액에는 현금매출도 포함되므로, 현금 유입액에 현금매출액도 포함된다.

매출채권 증감: 20 감소, 기말 매출채권: 160-20=140

04. ②
재분류조정

②번은 '잉지재, 채해위 XO'에서 지에 해당하는 항목이다.

05. ②
정상개별원가계산

(1) OH 배부차이: 20,000 과대배부
- OH 발생액은 100,000인데, 배부액은 120,000이다. 아래 회계처리를 참고하자.

|회계처리|

제조간접원가	100,000	현금	100,000
재공품, 제품, 매출원가	120,000	제조간접원가	120,000

|회계처리|

	재공품	제품	매출원가	계
조정 전	200,000	300,000	500,000	1,000,000
배부차이	(4,000)	(6,000)	(10,000)	(20,000)
조정 후	196,000	294,000	**490,000**	980,000

06. ④
현금및현금성자산 계산문제

국내통화	200
보통예금	300
우편환	500
당좌예금	**7,000**
현금성자산 계	8,000

07. ④
자산과 부채의 평가

우발부채는 의무를 이행하기 위하여 경제적 효익이 있는 자원이 **유출될 가능성이 희박하지 않는 한** 주석에 공시한다. 유출 가능성이 매우 높다면 (일반)부채를 재정상태표에 표시해야 한다.

08. ③
지분상품 회계처리

FVPL 금융자산으로 분류한 경우 X3년 당기손익: A+B=(-)120

A: 260-240=20

B: 360-500=(-)140

- X3년 중에 보유 주식을 전부 처분하므로, 당기손익에 미치는 영향은 처분손익밖에 없다.

FVOCI 금융자산은 당기손익에 미치는 영향이 없으므로, FVPL 금융자산으로 분류한 경우 당기손익만 구하면 된다. FVPL 금융자산으로 분류한 경우 120 감소하므로, 차이는 120이다.

09. ③
원가모형 손상차손

```
X0    200          n=5, s=0, 정액
      ↓ (40)
X1    160     —(40)→    120      n=4, s=0, 정액
      ↓ (40)            ↓ (30)
X2    120(한도)   ←30—    90
```

연도별 회수가능액=MAX[순공정가치, 사용가치]

X1년말: MAX[80, 120]=120

X2년말: MAX[140, 80]=140

10. ④
소매재고법

	원가	매가		원가	매가
기초	100	400	매출	⑤400	900
매입	600	?	**정**상		
순인상		200	**종**업원할인		
순인하		(100)			
비정상			기말	④300	③500
계	①700	①1,400	계	②700	②1,400

원가율: (700-100)/(②-400)=60%

→ ②=1,400

기말 재고 원가: 500*60%=300

매출원가: 700-300=400

매출총이익: 매출액-매출원가=900-400=**500**

11. ②

유형자산의 취득원가

일괄구입가격	800
취등록세	200
여객용 교체	400
운반비	200
항공기 A 취득원가	1,600

일괄구입가격 중 항공기 A의 취득원가: 2,400*1,000/3,000=800
- 두 항공기 모두 영업에 사용하므로 공정가치 비율로 일괄구입가격을 안분한다.

여객용 교체과정에서 발생한 지출은 자산인식요건을 충족하므로, 항공기 A의 취득원가를 구성한다.

X1말 항공기 A의 장부금액: 1,600-(1,600-400)*4/10=**1,120**

12. ③

재무제표의 요소

보고기간 말 이전에 장기차입약정을 위반했을 때 대여자가 즉시 상환을 요구할 수 있는 채무는 보고기간 후 재무제표 발행승인일 전에 채권자가 약정위반을 이유로 상환을 요구하지 않기로 합의하더라도 **유동부채**로 분류한다.

13. ③

제품보증충당부채

X1년 제품보증비: 1,000개*30%*@200=60,000
X1년 말 제품보증충당부채: 60,000-10,000=**50,000**

14. ②

자본의 증감

기초 자본	1,750,000
3.21	(40,000)
4.15	(5,000)
6.25	25,000
9.10	15,000
12.31	200,000
기말 자본	**1,945,000**

15. ④

투자활동 현금흐름

현금흐름	=	NI	-	△자산	+	△부채
(40,000)		10,000 처분이익 (20,000) 감가상각비		(20,000) 설비자산		(10,000) 감누

(1) 유형자산처분이익: 260,000-250,000=10,000

(2) 감가상각비
    120,000+감가상각비-30,000=110,000
    → 감가상각비=20,000
    - 처분한 설비자산의 감가상각누계액: 280,000-250,000=30,000

참고> 300,000은 구입한 설비자산의 취득원가이고, 280,000은 처분한 설비자산의 취득원가이다.

16. ② 직접재료원가 차이분석

	AQ*AP		AQ*SP		SQ*SP
DL	①900kg*90 =81,000	가격차이 9,000 유리	②900kg*④100 =③90,000	능률차이 10,000 유리	⑦1,000kg*⑤100 =⑥100,000

SQ=실제 생산량*단위당 표준투입량
→실제 생산량=SQ /단위당 표준투입량=1,000/5=**200단위**

17. ① 변동원가계산 이익 차이

전부원가계산과 변동원가계산에 의한 기말재고자산의 차이는 계산 방법별 이익 차이와 같다.

변동원가계산

+기말
-기초   고정OH   고정OH 배부율*기말 재고량 =40*200단위=**8,000**

=전부원가계산

고정OH 배부율: 40,000/1,000단위=40
기말 재고 수량: 1,000-800=200단위

18. ④ 회계변경 말문제

회계정책의 변경과 회계추정의 변경을 구분하는 것이 어려운 경우에는 이를 회계추정의 변경으로 본다.

19. ① CVP분석

① 안전한계율: 안전한계 매출액/매출액=100,000/500,000=20% (X)
   - 안전한계 매출액: 500,000-400,000=100,000

② 영업레버리지도: 1/안전한계율=1/20%=5 (O)
③ 세후 영업이익: (500,000*40%-160,000)*(1-30%)=28,000 (O)
④ 손익분기점 매출액: 고정원가/공헌이익률=160,000/40%=400,000 (O)

20. ③ 국가회계기준

재무제표는 재정상태표, 재정운영표, 현금흐름표, 순자산변동표 및 주석으로 구성된다. 재무제표에 현금흐름표가 누락되었다.

1번 계정별 원장 문제는 다소 생소하게 느껴졌을 수 있다. 회계원리에서 배운 계정별 원장 작성 방법을 잘 떠올렸다면 충분히 풀 수 있었던 문제이다.

7번 재무제표의 요소는 특수 주제 특강을 참고하자.

---

01. ③

계정별 원장

(가) 토지를 처분하고 대금을 지급받지 못했으므로 '미수금'을 계상한다.
- 용역을 제공한 것이 아니라 자산을 매매한 것이므로 미수수익이 아니다.
- '제조업'을 영위하는 회사이므로 토지는 재고자산이 아니며, 매출채권을 계상하지 않는다.

(나) 유형자산처분이익: 3,400,000-3,000,000=400,000

|회계처리|
(차) 토지 3,000,000　　(대) 현금 3,000,000
(차) 미수금 3,400,000　　(대) 토지 3,000,000
　　　　　　　　　　　　　유형자산처분이익 400,000

---

02. ③

영업권 (2014. 계리사)

1,000주*@300-(400,000-220,000+50,000)=**70,000**

---

03. ③

재무비율

X1년말 재고자산: (유동비율-당좌비율)*유동부채=(300%-180%)*5,000=6,000
- 문제에서 '20x1년 말 재무비율 분석자료'를 제시했으므로 유동비율과 당좌비율은 20x1년 말 비율이다. 따라서 이 비율로 계산한 재고자산도 20x1년 말 재고자산이다.
평균 재고자산: (4,000+6,000)/2=5,000
매출원가: 재고자산회전율*평균 재고자산=8회*5,000=**40,000**

---

04. ③

기말 재고자산에 포함될 항목
(2011. 계리사 수정)

실사 원가	83,000
시송품	20,000
적송품	48,000
기말 재고자산	**151,000**

(1) 시송품: 고객이 매입할 금액을 합리적으로 예측할 수 없다면, 보수적으로 매출이 전혀 이루어지지 않았다고 보고 전액 재고자산에 포함한다.
(2) 적송품: 미판매된 60%인 48,000은 실사 원가에 가산해주어야 한다.

05. ②

자본이 불변인 자본거래

주식분할을 하더라도 액면금액이 감소하기 때문에 자본금은 불변이다. 자본금 내에서 주식 수만 늘어날 뿐이다.

06. ③

재매입 약정

당기순이익에 미치는 영향: (1)-(2)+(3)=600
(1) 매출액: $1,000*1.1^2=1,210$
(2) 매출원가: 500
(3) 이자비용: $1,000*1.1*10\%=110$

|회계처리|

x1.1.1	현금	1,000	선수금	1,000
x1.12.31	이자비용	100	선수금	100
x2.12.31	이자비용	110	선수금	110
	선수금	1,210	매출액	1,210
	매출원가	500	상품	500

07. ②

재무제표의 요소-자산

많은 권리들은 계약, 법률 또는 이와 유사한 수단에 의해 성립된다. 그러나 기업은 그 밖의 방법 (ex>실무 관행, 공개한 경영방침 등)으로도 권리를 획득할 수 있다.

08. ③

차입원가 자본화

연평균 지출액: 2,400,000

특정 3,000,000×6/12=1,500,000(8%) → 120,000
일반 (2,400,000   - 1,500,000)×10%= 90,000 (<100,000)
                                    <u>210,000</u> (자본화액)

09. ①

재분류조정
(2016. 계리사 수정)

재측정요소는 '잉금재, 해위, XO'의 '재'에 해당한다. 재분류조정 대상이 아니다.
③번은 채무상품이므로 재분류조정 대상이다.

10. ②

유형자산 일괄취득
(2014. 계리사 수정)

토지 구입대금	9,500
철거원가	1,500
철거 부수입	(430)
조경 및 정지원가	630
취득원가 계	**11,200**

건축사 설계비 및 신축 공사원가는 건물의 취득원가에 가산한다.
하수도공사비는 회사가 사후 유지를 부담하므로 토지가 아닌 구축물로 처리한다.

11. ②
충당부채

과거에 우발부채로 처리하였더라도 미래 경제적 효익의 유출가능성이 높아진 경우에는 그러한 가능성의 변화가 발생한 기간의 재무제표에 충당부채로 인식한다.

12. ②
지분상품 회계처리

① 계정 분류에 따른 취득원가: 불일치
   FVPL: 1,000,000
   FVOCI 선택: 1,100,000
②, ③ 계정 분류에 따른 금융자산평가이익
   ② FVPL: 1,100,000-1,000,000=100,000 (O)
   ③ FVOCI 선택: 1,100,000-1,100,000=0 (X)
④ 계정 분류에 따른 금융자산처분손익
   FVPL: 1,050,000-1,100,000=(-)50,000 손실
   FVOCI 선택: 0 (평가손실을 OCI로 50,000 인식)

13. ②
연구단계 vs 개발단계

	연구단계	개발단계
시제품		120,000
여러 가지 대체안	130,000	
공구, 주형		60,000
새로운 지식	90,000	
연구결과나 기타 지식	50,000	
최종 선정안		70,000
계	**270,000**	250,000

14. ④
**재무제표 표시
(2014. 관세사)**

중요하지 '않은' 경우 순액으로 표시한다. 중요하면 상계하지 않고 총액으로 표시한다.
② 재무제표 본문과 주석의 중요성은 다를 수 있다.

15. ①
**현금주의와 발생주의
간의 전환**

현금흐름	=	NI	-	△자산	+	△부채
(38,000)	=	(35,000)		**(3,000)**		

선급보험료 증감액: 3,000 증가
기초 선급보험료: 10,000-3,000=7,000

16. ①
은행계정조정표

기발행미인출수표는 은행 예금 잔액에서 차감해야 한다.

17. ①

오류수정

수정 후 급여: 60,000+10,000=70,000

수정 후 보험료: 120,000-30,000=90,000

매출원가: 80,000+1,000,000-60,000=1,020,000

매출	1,940,000
매출원가	(1,020,000)
급여	(70,000)
보험료	(90,000)
수정 후 당기순이익	**760,000**

급여	10,000	미지급급여	10,000
선급보험료	30,000	보험료	30,000
상품	60,000	상품	80,000
매출원가	1,020,000	매입	1,000,000

18. ②

기말수정분개
(2016. 관세직 9급 수정)

| 올바른 회계처리 |

①	(차)	상품(기말) 매출원가	300,000 400,000	(대)	상품(기초) 매입	100,000 600,000
②	**(차)**	**소모품비**	**150,000**	**(대)**	**소모품**	**150,000**
③	(차)	임차료	60,000	(대)	선급임차료	60,000
④	(차)	토지	100,000	(대)	재평가잉여금	100,000

①: 재고자산 T계정을 거꾸로 한 것과 동일하게 기말수정분개를 수행하면 된다. 상품을 상계하면 해설에 기재한 회계처리와 ①번 선지의 회계처리는 동일한 것이니 헷갈리지 말자.

②: 장부상 소모품 계상액은 200,000이다. 실제 소모품 재고액은 50,000이므로 소모품을 150,000 감소시키면서 소모품비 150,000을 인식해야 한다. 대차가 반대로 되어있다.

③: 회사는 임차료를 전부 자산화하였지만, 이 중 미경과된 임차료는 40,000이므로, 나머지 60,000은 임차료로 비용화해야 한다.

④: 회사는 재평가모형을 적용하므로 토지를 공정가치로 평가해주어야 한다. 당기 중에 취득한 토지이므로 최초 평가증을 OCI(재평가잉여금)으로 인식한다.

19. ③

자산, 부채의 증감을 알 수 없는 경우 현금흐름
(2019. 국가직 7급 수정)

상품 판매 대금 수령액 상품 구매 대금 지급액 종업원 급여 지급액	150,000 (80,000) (5,000)
현금기준 순이익	**65,000**

20. ①

이익잉여금의 마감
(2013. 지방직 9급 수정)

매출원가	(2,000)
매출	3,000
급여	(500)
FVPL 금융자산 평가이익	800
감가상각비	(200)
당기순이익	**1,100**

기초 이익잉여금이 제시되지 않았으므로 당기순이익이 곧 기말 이익잉여금이 된다.

자본잉여금: 500(주식발행초과금)+100(자기주식처분이익)=**600**

어려운 문제	8(영업활동 현금흐름-간접법)
오래 걸리는 문제	6(시산표 및 재무제표에 미치는 영향)

6번 시산표 및 재무제표에 미치는 영향을 묻는 유형은 시간이 오래 걸리는 대표적인 유형이므로 넘기고 제일 마지막에 풀었어야 한다.

8번 문제는 유형자산처분손익을 직접 구한 다음, 비영업손익이므로 부인했어야 한다. 비영업손익을 직접 제시한 것이 아니라, 거래로 제시되었기 때문에 생소하게 느껴졌을 것으로 보인다.

---

01. ①

재무제표

재무제표를 작성할 책임은 경영진에게 있지만, 재무회계의 주된 목적은 외부정보이용자의 의사결정에 유용한 정보를 제공하는 것이다. 경영진의 의사결정을 돕기 위한 회계는 관리회계이다.

02. ①

화재, 도난 등이 발생한 경우 재고자산 손실액

1월 1일부터 3월 31일까지의 매출원가: 200*(1-30%)=140
3월 31일 재고자산: 50+150-140=60
멸실된 재고자산: 60-20=**40**

03. ③

원가모형 손상차손

회수가능액=MAX[3,000,000, 2,500,000]=3,000,000
X2년도 감가비: (3,000,000-0)/10=300,000

04. ③

투자부동산 평가모형
(2020. 국가직 9급 수정)

건물을 '임대수익과 시세차익을 목적으로' 취득하였으므로 투자부동산으로 분류한다. 투자부동산에 대해서 공정가치모형을 적용하는 경우, 감가상각하지 않고 공정가치 평가만 수행하며, 평가손익은 당기손익으로 인식한다.
당기순이익: 80,000,000-100,000,000=(-)20,000,000 감소

05. ④

포괄손익계산서

① 특별손익은 따로 **표시할 수 없다.**
② 당기의 현금흐름정보를 알 수 있는 것은 **현금흐름표**이다.
③ 비용의 기능별 분류가 정보이용자에게 더욱 목적적합한 정보를 제공한다.

06. ④

오류수정이 시산표 및
재무제표에 미치는 영향

|기말수정분개|

(차) 급여 10,000　　　　(대) 미지급급여 10,000
(차) 선급보험료 30,000　(대) 보험료 30,000
(차) 대손상각비 18,000　(대) 대손충당금 18,000

(1) 미지급급여: 급여를 미지급하였으므로 급여(비용)를 인식하면서 미지급급여를 계상한다.
(2) 선급보험료: 수정 전 시산표에 보험료가 차변에 있으므로 보험료는 비용을 의미한다. 이 중 미경과분이 있으므로 선급비용인 선급보험료를 계상한다.
(3) 대손상각비: 20,000-2,000=18,000

　　기말 대손충당금: 1,000,000*2%=20,000

　　수정 전 시산표에 대손충당금이 2,000 계상되어 있으므로 18,000만 비용을 인식하면서 추가로 설정하면 된다.

	시산표			
	차변		대변	
	자산	비용	수익	부채
미지급급여		10,000		10,000
선급보험료	30,000	(30,000)		
대손상각비		18,000		18,000
합계	30,000	(2,000)	-	28,000
순이익		2,000		
시산표	28,000		28,000	

대손충당금은 자산의 차감적 평가 계정이지만 시산표 상 대변에 표시되어 있으므로 부채로 표시하였다.

① 대손상각비: 18,000 (X)
② 비용 총액: 10,000-30,000+18,000=(-)2,000 감소 (X)
③ 수정 후 시산표의 차변 합계: 28,000 증가 (X)
④ 당기순이익: 2,000 증가 (O)

07. ④

시산표의 작성으로
발견할 수 있는 오류

'시산표의 작성으로 발견할 수 있는 오류'는 대차가 일치하지 않는 오류를 의미한다. 오류의 내용을 볼 필요 없이, 분개만 보면서 대차가 일치하지 않는 선지를 고르면 된다.
① 같은 거래를 두 번 분개하더라도 대차는 일치한다.
② 실제 금액과 다르더라도 양변에 같은 금액을 적었다면 대차는 일치한다.
③ '양변 모두' 반대 변에 적은 경우 대차는 일치한다.
④ 한 변만 금액을 잘못 적은 경우 대차는 일치하지 않는다.

08. ③
영업활동 현금흐름-간접법

영업CF	=	NI	-	비영업손익	+	△영업자산	+	△영업부채
10,000		**11,000**		6,000 (사채손실) 5,000 (감가비) (10,000) (유형처분익)		(3,000) (재고자산) 2,000 (매출채권)		(1,000) (매입채무)

- 유형자산 처분손익: 80,000-70,000=10,000 이익
- 금융자산 처분: FVOCI 선택 금융자산은 처분 시 평가손익을 인식한다. FVOCI 선택 금융자산은 투자활동이므로 영업CF 계산 시 반영되면 안 된다. 그런데 FVOCI 선택 금융자산의 평가손익은 OCI로 인식하기 때문에 이미 NI에 반영되어 있지 않다. 반영하면 안 되는데, 이미 NI에 반영되어 있지 않으므로, NI에서 조정할 것은 없다.

09. ③
재무비율

영업주기: 매출채권회수기간+재고자산처리기간=30+50=80일
(1) 매출채권회수기간: 360/12회=30일
   - 매출채권회전율: 7,200/600=12회
(2) 재고자산처리기간: 360/7.2회=50일
   - 재고자산회전율: 3,600/500=7.2회

10. ③
주당순이익
(2015. 계리사 수정)

기본EPS: (1,250,000-50,000)/2,400=500
- 우선주배당금: 500주*1,000*10%=50,000

	1.1	7.1	10.1	n
월할상각	2,000 *12/12	1,000 *6/12	(400) *3/12	
계	2,000	500	(100)	2,400

'3,000주를 유상증자'한 것이 아니라, 유상증자를 실시하여 '발행주식수가 3,000주로 증가'한 것이므로, 유상증자한 주식 수는 1,000주이다.

11. ①
저가법

BQ×BP	100개*@100=10,000		
		> 감모손실(기타비용) 4,000	
AQ×BP	60개*@100=6,000		
		> 평가충당금(=평가손실) 1,200	
AQ×저가	60개*@80=4,800		

기초 평가충당금에 대한 언급이 없으므로 기말 평가충당금이 곧 평가손실이 된다.

재고자산			
기초	20,000	매출원가	**111,200**
		기타비용	4,000
매입	100,000	기말(순액)	4,800
계	120,000	계	120,000

매출원가: 120,000-4,000-4,800=111,200

12. ④
유형자산의 취득원가

새로운 시설을 개설하는데 소요되는 원가는 당기비용 처리한다.

13. ①
자본의 구성요소
(2010. 계리사)

재평가잉여금은 기타포괄손익 항목이다.
주식선택권은 주식보상비용 인식 시 계상하는 자본조정 항목이다.

14. ②
이익잉여금의 마감

(1) 수정 후 당기순이익: 600,000-340,000(매출원가)-120,000(급여)=140,000
- 미지급급여 10,000을 반영하면 급여는 120,000이 된다.
- 금융자산의 계정과목은 상관없다. 어차피 금융자산처분이익을 제거하면서 자기주식처분 이익으로 계정 대체를 할 것이기 때문이다.
(2) 기말 이익잉여금: 200,000+140,000=340,000
- 수정 전 시산표에 이익잉여금 200,000과 금융자산처분이익 15,000이 동시에 계상되어 있으므로, 이익잉여금 200,000에는 금융자산처분이익이 반영되어 있지 않은 상태이다. 따라서 금융자산처분이익을 자기주식처분이익으로 대체하더라도 이익잉여금을 감소시키지 않는다.

15. ③

현금성자산 계산문제

지폐 및 주화	**26,000**
보통예금	54,000
타인발행수표	20,000
양도성예금증서	50,000
합계	150,000

선일자수표 및 수입인지는 현금성 항목이 아니며, 환매조건부채권은 '취득일' 기준으로 만기일이 3개월 이내에 도래하지 않으므로 현금성 항목으로 분류하지 않는다.

16. ④

감가상각
(2018. 계리사)

X3년초 장부금액: 취득원가-감누=5,000,000-3,750,000=1,250,000
X3년 감가상각비: 기초 장부금액*상각률=1,250,000*0.5=**625,000**

17. ③

할인발행 vs 할증발행 vs 액면발행

①,② 할증발행이든 할인발행이든 상각액은 무조건 증가한다.
④ 할인발행된 경우 이자비용은 매기 증가한다.

18. ③

자본의 증감

기초	+CI	+유상증자	-현금배당	=기말
자산 200,000	NI 20,000			자산 300,000
부채 120,000	OCI 10,000			부채 150,000
80,000	**30,000**	50,000	10,000	150,000

문제에서 '총포괄이익'을 물었기 때문에 OCI를 차감하지 말고 30,000으로 답해야 한다. 만약 '당기순이익'을 물었다면 OCI 10,000을 차감한 20,000이 답이다.

19. ③

재무정보의 질적 특성

정보가 예측가치를 갖기 위해서 그 자체가 예측치일 필요는 없다.

20. ①

거래가격의 산정

제삼자를 대신해서 회수한 금액은 거래가격에서 제외한다.

시간이 오래 걸리는 문제	3
계산이 어려운 문제	4

3번 재무비율은 각 비율에 미치는 영향을 하나씩 따졌어야 하기 때문에 시간이 많이 걸린다.

4번 은행계정조정표는 조정 사항이 많아 계산이 어려웠다.

---

01. ②

수익 기준서

① 계약 '개시' 시점과 같은 기준으로 배분하므로 계약 개시 '후의' 개별 판매가격 변동은 반영하지 않는다.

③ 비현금대가는 공정가치로 측정한다.

④ 변동대가는 상황에 따라 기댓값이나 가능성이 가장 높은 금액으로 측정한다.

---

02. ④

재무제표 표시
(2011. 관세사)

이연법인세자산(부채)은 유동자산(부채)으로 분류하지 않는다.

---

03. ④

재무비율 (2019. 감평사)

| 회계처리 |

(차)	현금	50,000	(대)	단기차입금	50,000

차입 전 재무비율

(1) 유동자산: 880,000-520,000=360,000

(2) 당좌자산: 360,000-240,000=120,000

(3) 유동부채: 부채-비유동부채=780,000-540,000=240,000
  - 부채: 자산-자본=880,000-100,000=780,000

(4) 차입 전 당좌비율: 120,000/240,000=50%

(5) 차입 전 유동비율: 360,000/240,000=150%

	분자	분모	비율
당좌비율	당좌자산 (현금) 50,000 증가	유동부채 (단기차입금) 50,000 증가	**증가**
유동비율	유동자산 (현금) 50,000 증가	유동부채 (단기차입금) 50,000 증가	**감소**

재무비율의 분자, 분모가 같은 금액만큼 증가하는 상황이다. 증가하기 전 비율이 100%보다 작은 경우에는 1에 가까워지면서 증가하고, 100%보다 큰 경우에는 1에 가까워지면서 작아진다.

04. ④

은행계정조정표

	회사		은행
조정 전	**110,800**	조정 전	120,000
은행수수료	(1,800)	기발행미인출수표	(29,200)
받을어음 추심	11,600	마감후 입금	14,400
부도수표	(10,000)		
회사 측 오류	(5,400)		
조정 후	105,200	조정 후	105,200

회사 측 오류: 회사 측 잔액에서 17,000을 차감해야 하는데, 11,600만 차감했으므로 차액 5,400을 추가로 차감해야 한다.

05. ②

발생주의와 현금주의 간의 전환 (2015. 계리사)

현금흐름	=	NI	-	△자산	+	△부채
(1,800)	=	**(850)**		(950)		

기말 선급보험료: 1,800*18/24=1,350

- 2년분 보험료 중 6개월만 경과하였으므로 나머지 18개월분은 기말 선급보험료로 계상된다.
  → 선급보험료 증감: 1,350-400=950 증가

|회계처리|

(차)	보험료	**400**	(대)	선급보험료	400
(차)	선급보험료	1,800	(대)	현금	1,800
(차)	보험료	**450**	(대)	선급보험료	450

보험료: 400+450=**850**

06. ①

재무정보의 질적 특성 (2016. 관세사)

중요성에 대한 설명이다. 중요성은 근본적 질적 특성인 목적적합성에 대한 설명이다. 보강적 질적 특성에 대한 문제이므로 근본적 질적 특성에 대한 설명은 틀린 문장이 된다.

07. ①

재고자산의 매입 및 매출 (2021. 계리사)

(1) 매출총이익=매출액-매출원가=950,000-363,000=**587,000**

(2) (순)매출액: 1,000,000-50,000=950,000
    - 매출할인은 매출액 계산 시 차감하지만, 판매운임은 판매관리비로 계상하는 것이 맞다.

(3) 매출원가: 100,000(기초)+383,000(매입)-120,000(기말)=363,000
    - (순)매입액: 368,000+15,000=383,000
    - 판매관리비로 계상한 판매운임과 달리, 매입운임은 매입액 계산 시 가산해야 한다.

08. ③

유형자산의 취득원가
(2012. 관세사)

취득원가: 2,500,000+100,000=2,600,000

- 설치원가 및 조립원가는 취득원가에 가산하는 항목이다.

X0	2,600,000	n=10, s=0, 정액법
	↓ **(260,000)**	=(2,600,000-0)/10
X1	2,340,000	
	↓ **(260,000)**	=(2,600,000-0)/10
X2	2,080,000	

재배치하는 과정에서 발생하는 지출은 당기비용으로 처리하며, 유형자산의 장부금액에 가산하지 않는다. 기계장치를 정액법으로 상각하고 있으므로 매년 감가상각비는 동일하다.

09. ④

자본의 증감 (2010. 관세사)

기초	+NI	+유상증자	-현금배당	=기말
자산	수익			자산
부채	비용			부채
300,000	50,000	100,000	20,000	**430,000**

10. ①

투자부동산
(2022. 감평사)

A(공정가치모형): 평가손실=930-1,000=**70 감소**
- 공정가치모형 시 감가상각하지 않고 평가손익만 당기손익으로 인식한다.
B(원가모형): 감가상각비=(1,000-0)/10=**100 감소**
- 원가모형 적용 시 감가상각비만 인식한다.

11. ①

충당부채 및 우발부채
(2012. 관세사 수정)

충당부채로 인식되기 위해서는 기업이 미래에 무슨 짓을 해도 의무를 피할 수 없어야 한다. 따라서 과거사건으로 인한 의무가 **기업의 미래행위와 독립적이어야(=무관해야) 한다.**

12. ③

일괄취득 (2013. 감평사)

일괄구입가격	700,000
철거비용	20,000
폐자재 처분수입	(10,000)
토지의 취득원가	**710,000**

13. ③
대손 (2020. 관세사)

	대손상각비	매출채권	대손충당금	순액
기초		100,000	5,000	
대손	2,000	(7,000)	(5,000)	
회수			3,000	
설정	3,000		3,000	
기말	**5,000**	300,000	6,000	

(차)	대손충당금 대손상각비	5,000 **2,000**	(대)	매출채권	7,000
(차)	현금	3,000	(대)	대손충당금	3,000
(차)	대손상각비	**3,000**	(대)	대손충당금	3,000

14. ①
지분상품 회계처리

2023년 처분 시 장부금액(=2022년 말 공정가치): 1,500,000-200,000=1,300,000
- 1,500,000에 처분 시 200,000의 이익을 계상했다면 처분 시 장부금액은 1,300,000이다. 주식은 2022년 말에 공정가치로 평가했을 것이므로 2022년 말 공정가치도 1,300,000이다.

2022년 당기손익에 미치는 영향: (-)30,000+300,000=**270,000**
- 수수료: (-)30,000
- 공정가치 평가손익: 1,300,000-1,000,000=300,000

15. ③
영업권 (2022. 관세사)

영업권: 이전대가-순자산 공정가치=30,000-31,000=**(-)1,000 (염가매수차익)**
- 영업권이 음수이므로 염가매수차익을 인식한다.

16. ③
자본거래가 자본에 미치는 영향

자기주식 취득	(6,000)*200주	=(1,200,000)
자기주식 처분	7,000*100주	=700,000
자기주식 처분	9,000*100주	=900,000
자본 증감		**400,000**

17. ③
원가흐름의 가정 (2021. 계리사)

기말 재고자산 금액: 100개*@120+100개*@110=**23,000**
- 선입선출법이므로, 가장 마지막 매입분부터 순차적으로 더하면 기말 재고자산 금액을 구할 수 있다.

18. ④
현금흐름의 구분

①, ③는 재무활동에, ② 영업활동에 해당한다.

19. ③

무형자산 말문제
(2016. 계리사)

① '내부 창출~~'은 자산으로 인식할 수 없다.

② 장기할부 구입의 경우 총 현금 지급액의 현재가치가 자산의 취득원가가 된다.

③ 맞는 문장이다. 공무원 회계학에는 출제된 적 없지만, 한 번만 읽어보고 넘어가자. 다른 시험에는 꽤 자주 출제되었던 문장이다.

④ 잔존가치는 계속해서 추정하기 때문에 장부금액보다 커질 수도 있다. 이 경우 상각을 중단하고, 잔존가치가 장부금액보다 작아질 때 상각을 재개한다.

20. ④

주당순이익 (2014. 계리사)

	기초 1.1	유상증자 7.1	계
주식수 주식분할 가중평균	60,000 ×2 ×12/12	30,000 ×6/12	
계	120,000	15,000	**135,000**

김용재 공무원 실전동형모의고사 빠른 정답

1회 모의고사

01	02	03	04	05	06	07	08	09	10	11	12	13	14	15	16	17	18	19	20
①	①	④	③	②	①	③	④	③	①	①	②	②	①	④	④	①	②	②	③

2회 모의고사

01	02	03	04	05	06	07	08	09	10	11	12	13	14	15	16	17	18	19	20
④	③	②	②	②	②	④	③	②	③	②	②	③	④	①	③	①	①	②	③

3회 모의고사

01	02	03	04	05	06	07	08	09	10	11	12	13	14	15	16	17	18	19	20
③	②	①	④	①	②	③	①	①	②	②	④	④	③	④	③	④	②	①	③

4회 모의고사

01	02	03	04	05	06	07	08	09	10	11	12	13	14	15	16	17	18	19	20
③	④	③	②	④	②	②	①	②	②	①	④	①	④	③	④	②	④	①	①

5회 모의고사

01	02	03	04	05	06	07	08	09	10	11	12	13	14	15	16	17	18	19	20
①	②	④	③	④	③	①	②	④	④	③	④	④	②	④	①	③	④	②	②

6회 모의고사

01	02	03	04	05	06	07	08	09	10	11	12	13	14	15	16	17	18	19	20
②	④	③	②	②	②	③	②	①	①	④	③	③	③	④	②	③	①	①	②

7회 모의고사

01	02	03	04	05	06	07	08	09	10	11	12	13	14	15	16	17	18	19	20
④	②	②	①	①	④	②	③	①	③	②	④	②	②	④	②	①	①	④	②

8회 모의고사

01	02	03	04	05	06	07	08	09	10	11	12	13	14	15	16	17	18	19	20
④	①	③	②	①	①	①	①	①	①	④	④	①	③	④	②	①	④	④	②

9회 모의고사

01	02	03	04	05	06	07	08	09	10	11	12	13	14	15	16	17	18	19	20
①	②	②	②	①	①	②	③	④	③	④	④	③	④	②	③	②	①	①	③

10회 모의고사

01	02	03	04	05	06	07	08	09	10	11	12	13	14	15	16	17	18	19	20
①	④	③	②	①	②	③	②	①	②	③	③	④	③	②	①	①	②	③	②

김용재 공무원 실전동형모의고사 빠른 정답

11회 모의고사

01	02	03	04	05	06	07	08	09	10	11	12	13	14	15	16	17	18	19	20
①	①	②	②	②	④	④	③	③	④	②	③	③	②	④	②	①	④	①	③

12회 모의고사

01	02	03	04	05	06	07	08	09	10	11	12	13	14	15	16	17	18	19	20
③	③	③	③	②	③	②	③	①	②	②	②	②	④	①	①	①	②	③	①

13회 모의고사

01	02	03	04	05	06	07	08	09	10	11	12	13	14	15	16	17	18	19	20
①	①	③	③	④	④	④	③	③	③	①	④	①	②	③	④	③	③	③	①

14회 모의고사

01	02	03	04	05	06	07	08	09	10	11	12	13	14	15	16	17	18	19	20
②	④	④	④	②	①	①	③	④	①	①	③	③	①	③	③	③	④	③	④

공무원 9급 공개경쟁채용 필기시험 답안지

컴퓨터용 흑색사인펜만 사용

성명

책형

㉠ ㉮ ㉯ ㉰ ㉱

[필적감정용 기재]
* 아래 예시문을 옮겨 적으시오
본인은 OOO(응시자성명)임을 확인함

기 재 란

	성명
성명	
자필성명	본인 성명 기재
응시직렬	
응시지역	
시험장소	

응시번호

생년월일

※ 시험감독관 서명
(성명을 정자로 기재할 것)

책 적 격 여부 확인용

문번	제1과목
1	① ② ③ ④
2	① ② ③ ④
3	① ② ③ ④
4	① ② ③ ④
5	① ② ③ ④
6	① ② ③ ④
7	① ② ③ ④
8	① ② ③ ④
9	① ② ③ ④
10	① ② ③ ④
11	① ② ③ ④
12	① ② ③ ④
13	① ② ③ ④
14	① ② ③ ④
15	① ② ③ ④
16	① ② ③ ④
17	① ② ③ ④
18	① ② ③ ④
19	① ② ③ ④
20	① ② ③ ④

문번	제2과목
1	① ② ③ ④
2	① ② ③ ④
3	① ② ③ ④
4	① ② ③ ④
5	① ② ③ ④
6	① ② ③ ④
7	① ② ③ ④
8	① ② ③ ④
9	① ② ③ ④
10	① ② ③ ④
11	① ② ③ ④
12	① ② ③ ④
13	① ② ③ ④
14	① ② ③ ④
15	① ② ③ ④
16	① ② ③ ④
17	① ② ③ ④
18	① ② ③ ④
19	① ② ③ ④
20	① ② ③ ④

문번	제3과목
1	① ② ③ ④
2	① ② ③ ④
3	① ② ③ ④
4	① ② ③ ④
5	① ② ③ ④
6	① ② ③ ④
7	① ② ③ ④
8	① ② ③ ④
9	① ② ③ ④
10	① ② ③ ④
11	① ② ③ ④
12	① ② ③ ④
13	① ② ③ ④
14	① ② ③ ④
15	① ② ③ ④
16	① ② ③ ④
17	① ② ③ ④
18	① ② ③ ④
19	① ② ③ ④
20	① ② ③ ④

문번	제4과목
1	① ② ③ ④
2	① ② ③ ④
3	① ② ③ ④
4	① ② ③ ④
5	① ② ③ ④
6	① ② ③ ④
7	① ② ③ ④
8	① ② ③ ④
9	① ② ③ ④
10	① ② ③ ④
11	① ② ③ ④
12	① ② ③ ④
13	① ② ③ ④
14	① ② ③ ④
15	① ② ③ ④
16	① ② ③ ④
17	① ② ③ ④
18	① ② ③ ④
19	① ② ③ ④
20	① ② ③ ④

문번	제5과목
1	① ② ③ ④
2	① ② ③ ④
3	① ② ③ ④
4	① ② ③ ④
5	① ② ③ ④
6	① ② ③ ④
7	① ② ③ ④
8	① ② ③ ④
9	① ② ③ ④
10	① ② ③ ④
11	① ② ③ ④
12	① ② ③ ④
13	① ② ③ ④
14	① ② ③ ④
15	① ② ③ ④
16	① ② ③ ④
17	① ② ③ ④
18	① ② ③ ④
19	① ② ③ ④
20	① ② ③ ④

응시자 준수사항

□ 답안지 작성요령

※ 다음 사항을 준수하지 않을 경우에 발생하는 불이익은 응시자에게 귀책사유가 있으므로 기재된 내용대로 이행하여 주시기 바랍니다.

1. 답안은 OCR 스캐너 판독결과에 따라 산출되므로 반드시 <보기>의 올바른 표기 방식으로 답안을 작성하여야 합니다.
"컴퓨터용 흑색 사인펜"을 사용하여 반드시 <보기>의 올바른 표기 방식으로 답안을 작성하여야 합니다.

답안을 전부 채우지 않고 걸림 등으로 표기한 경우, 번짐 등으로 두 개 이상의 답란에 표기된 경우, 누구가 없는 컴퓨터용 흑색 사인펜을 사용하여 답안을 흐리게 표기한 경우 응시자 본인 책임이므로 유의하시기 바랍니다.

따르지 않아 발생할 수 있는 불이익(득점 불인정 등)은 응시자 본인 책임이므로 유의하시기 바랍니다.

<보기> 올바른 표기 : ●
　　　　 잘못된 표기 : ⊘ ⊗ ◍ ● ○ ◯ ② ◑

2. 객관식 문제, 연필, 샤프펜 등 볼펜의 성분이 예비표기를 하여 중복 답안으로 판독된 경우에는 불이익을 받을 수 있으므로 각별히 주의하시기 바랍니다.

3. 답안지를 받으면 상단에 인쇄된 성명, 응시직렬, 응시지역, 시험장소, 응시번호, 생년월일이 응시자 본인 정보와 일치하는지 확인하시기 바랍니다.

　가. (책　형) 응시자는 시험 시작 전 지시에 따라 문제책 앞면에 인쇄된 책형을 확인한 후, 답안지 책형란에 해당 책형(1개)을 "●"로 표기하여야 합니다.

　나. (자필성명) 본인의 한글 성명을 정자로 직접 기재하여야 합니다.

　※ 책형 및 인적사항을 기재하지 않을 경우 불이익(답안지 무효 처리 등)을 받을 수 있습니다.

　다. (교체답안지 작성) 답안지를 교체하면 반드시 교체답안지 상단 책형란에 해당 책형을 "●"로 표기하고, 볼펜(검정색)으로 응시직렬, 응시지역, 시험장소, 응시번호, 성명, 자필성명, 작성(표기)하여야 하며, 작성한 답안지는 1인 1매만 유효합니다.

4. 시험이 시작되면 문제책 편철과 표지의 과목순서 간의 일치 여부, 문제 누락·파손 등 문제책 인쇄상태를 반드시 확인하여야 합니다.

5. 답안은 반드시 문제책 표지의 과목순서에 맞추어 표기하여야 하며, 과목 순서를 바꾸어 표기한 경우에도 문제책 표지의 과목 순서대로 채점되므로 각별히 유의하시기 바랍니다.

　- 선택과목이 있는 경우에도 문제책 표지의 과목 순서에 따라 답안을 표기하여야 합니다. 원서접수 시 선택한 과목이 아닌 제4과목과 제5과목의 답안을 채점되므로 본인의 응시표의 인쇄된 선택과목 순서에 따라 답안을 작성할 수 있습니다.

6. 답안은 매 문항마다 반드시 하나의 답만 표기하여야 하며, 표기한 답안을 수정하는 경우에는 응시자 본인이 가져온 수정테이프를 사용하여야 합니다. (수정액 또는 수정스티커 등은 사용 불가.)
　- 표기한 답안을 수정하는 경우 우측 부분을 완전히 지운 후 표기하여야 하며, 불완전한 수정처리로 인해 발생하는 모든 응시자에게 책임이 있음을 유념하시기 바랍니다.

7. 답안지는 훼손·오염되거나 구겨지지 않도록 주의하여야 하며, 특히 답안지 상단의 타이밍 마크(▮▮▮▮)를 절대 훼손해서는 안됩니다.

□ 부정행위 등 금지

※ 다음 사항을 위반한 경우에는 공무원임용시험령 제51조(부정행위자 등에 대한 조치)에 따라 그 시험의 정지, 무효, 합격취소, 5년간 공무원임용시험 응시자격 정지 등의 불이익 처분을 받게 됩니다.

1. 시험시작 전까지 문제내용을 보아서는 안됩니다.

2. 시험시간 중 통신, 계산 또는 검색 기능이 있는 일체의 전자기기(휴대전화, 태블릿PC, 스마트워치, 이어폰, 스마트밴드, 전자담배, 전자계산기, 디지털카메라, MP3플레이어, DMB플레이어 등)를 소지할 수 없습니다.

3. 응시자간 시험과 관련된 내용의 인쇄물이나 도구 등을 주고받거나, 다른 응시자의 답안을 보고 자신의 답안을 작성하거나 다른 응시자를 위하여 답안을 알려주는 행위 등을 하여서는 안됩니다.

4. 시험 중 물품(수정테이프 등) 공무원 임용시험 정치 처분을 받을 수 있습니다.

5. 시험종료 후에도 답안지를 작성하거나, 시험감독관의 답안지 제출지시에 불응할 경우에는 무효처분을 받게 됩니다.
　- 답안, 책형 및 인적사항을 사전, 특히 답안지 후 시험감독관의 사인펜 등)을 돌려주거나 발려주는 행위는 부정행위로 간주될 수 있습니다.

6. 답안 기재가 끝났더라도 시험 종료 후 시험감독관의 지시가 있을 때까지 되돌려 놓지 않으며, 배부된 모든 답안지는 반드시 제출하여야 합니다.

7. 그 밖에 공고문의 모든 응시자 준수사항이나 시험감독관의 정당한 지시 등을 따르지 않은 경우 부정행위자로 간주될 수 있습니다.

공무원 9급 공개경쟁채용 필기시험 답안지

컴퓨터용 흑색사인펜만 사용

책형

성명

[필적감정용 기재]
* 아래 예시문을 옮겨 적으시오
본인은 ○○○(응시자성명)임을 확인함

기 재 란

성명

자필성명 | 본인 성명 기재
응시직렬
응시지역
시험장소

응시번호

생년월일

※ 시험감독관 서명
(성명을 정자로 기재할 것)

적색 흑색 사인펜 사용

제1과목 / 제2과목 / 제3과목 / 제4과목 / 제5과목

문번 1~20 (①②③④)

응시자 준수사항

공무원 9급 공개경쟁채용 필기시험 답안지

컴퓨터용 흑색사인펜만 사용

책 형
㉮ ㉯ ㉰ ㉱ ㉲

【필적감정용 기재】
* 아래 예시문을 옮겨 적으시오
본인은 ○○○(응시자성명)임을 확인함
기 재 란

성 명	
자필성명	본인 성명 기재
응시직렬	
응시지역	
시험장소	

응 시 번 호						
	⓪	⓪	⓪	⓪	⓪	⓪
	①	①	①	①	①	①
	②	②	②	②	②	②
	③	③	③	③	③	③
	④	④	④	④	④	④
	⑤	⑤	⑤	⑤	⑤	⑤
⑥	⑥	⑥	⑥	⑥	⑥	⑥
⑦	⑦	⑦	⑦	⑦	⑦	⑦
	⑧	⑧	⑧	⑧	⑧	⑧
	⑨	⑨	⑨	⑨	⑨	⑨

생 년 월 일					
⓪	⓪	⓪	⓪	⓪	⓪
	①	①	①	①	①
	②		②	②	②
	③		③	③	③
	④		④		④
⑤	⑤		⑤		⑤
⑥	⑥		⑥		⑥
⑦	⑦		⑦		⑦
⑧	⑧		⑧		⑧
⑨	⑨		⑨		⑨

※ 시험감독관 서명 (성명을 정자로 기재할 것)
적색 볼펜만 사용

문번	제1과목	문번	제2과목	문번	제3과목	문번	제4과목	문번	제5과목
1	① ② ③ ④	1	① ② ③ ④	1	① ② ③ ④	1	① ② ③ ④	1	① ② ③ ④
2	① ② ③ ④	2	① ② ③ ④	2	① ② ③ ④	2	① ② ③ ④	2	① ② ③ ④
3	① ② ③ ④	3	① ② ③ ④	3	① ② ③ ④	3	① ② ③ ④	3	① ② ③ ④
4	① ② ③ ④	4	① ② ③ ④	4	① ② ③ ④	4	① ② ③ ④	4	① ② ③ ④
5	① ② ③ ④	5	① ② ③ ④	5	① ② ③ ④	5	① ② ③ ④	5	① ② ③ ④
6	① ② ③ ④	6	① ② ③ ④	6	① ② ③ ④	6	① ② ③ ④	6	① ② ③ ④
7	① ② ③ ④	7	① ② ③ ④	7	① ② ③ ④	7	① ② ③ ④	7	① ② ③ ④
8	① ② ③ ④	8	① ② ③ ④	8	① ② ③ ④	8	① ② ③ ④	8	① ② ③ ④
9	① ② ③ ④	9	① ② ③ ④	9	① ② ③ ④	9	① ② ③ ④	9	① ② ③ ④
10	① ② ③ ④	10	① ② ③ ④	10	① ② ③ ④	10	① ② ③ ④	10	① ② ③ ④
11	① ② ③ ④	11	① ② ③ ④	11	① ② ③ ④	11	① ② ③ ④	11	① ② ③ ④
12	① ② ③ ④	12	① ② ③ ④	12	① ② ③ ④	12	① ② ③ ④	12	① ② ③ ④
13	① ② ③ ④	13	① ② ③ ④	13	① ② ③ ④	13	① ② ③ ④	13	① ② ③ ④
14	① ② ③ ④	14	① ② ③ ④	14	① ② ③ ④	14	① ② ③ ④	14	① ② ③ ④
15	① ② ③ ④	15	① ② ③ ④	15	① ② ③ ④	15	① ② ③ ④	15	① ② ③ ④
16	① ② ③ ④	16	① ② ③ ④	16	① ② ③ ④	16	① ② ③ ④	16	① ② ③ ④
17	① ② ③ ④	17	① ② ③ ④	17	① ② ③ ④	17	① ② ③ ④	17	① ② ③ ④
18	① ② ③ ④	18	① ② ③ ④	18	① ② ③ ④	18	① ② ③ ④	18	① ② ③ ④
19	① ② ③ ④	19	① ② ③ ④	19	① ② ③ ④	19	① ② ③ ④	19	① ② ③ ④
20	① ② ③ ④	20	① ② ③ ④	20	① ② ③ ④	20	① ② ③ ④	20	① ② ③ ④

응시자 준수사항

□ 답안지 작성요령

※ 다음 사항을 준수하지 않을 경우에 발생하는 불이익은 응시자에게 귀책사유가 있으므로 기재된 내용대로 이행하여 주시기 바랍니다.

1. 득점은 OCR 스캐너 판독결과에 따라 산출됩니다.
   "컴퓨터용 흑색 사인펜"을 사용하여 반드시 〈보기〉의 올바른 표기 방식으로 답안을 작성하여야 합니다.
   답안란 전부 채우지 않고 잘못 찍어 표기한 경우, 번짐 등으로 두 개 이상의 답안란에 표기된 경우, 농도가 엷은 컴퓨터용 흑색 사인펜을 사용하여 답안 표기한 경우, 답안지가 오염되어 스캔되지 않은 경우 등은 유의하시기 바라며,
   따라지 않아 발생할 수 있는 불이익(득점 불인정 등)은 책임이므로 유의하시기 바랍니다.

   〈보기〉 올바른 표기 : ●
   　　　　잘못된 표기 : ⊗ ◑ ◐ ○ ⊘ ①

2. 객색별째, 덕럴, 사르펜 등 볼의 상관없이 예비표기를 하여 중복 답안으로 판독될 경우에는 불이익을 받을 수 있으므로 각별히 주의하시기 바랍니다.

3. 답안지를 받으면 상단에 인쇄된 성명, 응시직렬, 응시지역, 시험장소, 응시번호, 생년월일이 응시자 본인의 정보와 일치하는지 확인하시기 바랍니다.

   가. (책 형) 응시자는 시험 전 감독의 지시에 따라 문제책 앞면에 인쇄된 책형을 확인한 후, 답안지 책형란에 해당 책형(1개형)을 "●로 표기)하여야 합니다.

   나. (필적감정용 기재) 본인의 한글성명을 정자로 직접 기재하여야 합니다.
   ※ 책형 및 인적사항을 기재하지 않을 경우 불이익(단, 애시험 무효 처리 등)을 받을 수 있습니다.

   다. (교체답안지 작성) 답안지를 교체하면 반드시 교체답안지 상단 책형란에 해당 책형을 "●로 표기)하고, 필적감정용 기재란, 성명, 자필성명, 응시직렬, 응시지역, 시험장소, 응시번호, 생년월일을 빠짐없이 작성(표기)하여야 하며, 잘못된 답안지는 1인 1매만 유효 처리됩니다.

4. 시험이 시작되면 문제책 편철과 표지의 과목순서 간의 일치 여부, 문제 누락·파손 등 문제책 인쇄상태를 반드시 확인하여야 합니다.

5. 답안은 반드시 문제책 표지의 과목순서에 맞추어 표기하여야 하며, 과목 순서가 바뀌어 표기한 경우에도 문제책 표지의 과목 순서대로 채점되므로 각별히 유의하시기 바라며, 과목의 순서가 바뀐 경우 선택과목이 있는 행정직군 응시자는 본인의 선택과목 순서에 따라 제4과목과 제5과목의 선택과목 채점되므로 선택과목 인쇄된 순서에 따라 답안을 정확히 표기하여야 합니다. 선택과목 표기가 잘못된 경우에도 이와 같이 채점됩니다.

6. 답안은 매 문항마다 반드시 하나의 답만을 골라 그 숫자에 "●로 표기)하여야 하며,
   답안을 잘못 표기하였을 경우에는 답안을 수정하기 위해 수정테이프를 사용하여 해당 부분을 완전히 지우고 부착된 자국이 없도록 하여야 하며,
   표기한 답안을 수정하는 경우에는 응시자 본인이 가져온 수정테이프만을 사용하여 수정할 수 있으나(수정액 또는 수정스티커 등은 사용 불가),
   불량 수정테이프의 사용과 불완전한 수정 처리로 인해 발생하는 모든 문제는 응시자 본인에게 책임이 있으므로 표기한 답안을 수정할 수 없습니다.

7. 답안지는 훼손·오염되거나 구겨지지 않도록 주의해야 하며, 특히 답안지 상단의 타이밍 마크(▮▮▮▮)를 절대 훼손해서는 안됩니다.

□ 부정행위 등 금지

※ 다음 사항을 위반한 경우에는 공무원임용시험령 제51조(부정행위자 등에 대한 조치)에 따라 그 시험의 정지, 무효, 합격취소, 5년간 공무원시험 응시자격 정지 등의 처분을 받게 됩니다.

1. 시험시작 전까지 문제내용을 보아서는 안됩니다.

2. 시험시간 중 통신, 계산 또는 검색 기능이 있는 일체의 전자기기(휴대전화, 태블릿PC, 스마트워치, 이어폰, 스마트밴드, 전자담배, 전자계산기, 전자사전, 디지털카메라, MP3플레이어, DMB플레이어)를 지녀서는 소지할 수 없습니다.

3. 응시표 출력사항 외 시험과 관련된 내용이 인쇄된 개모지 등을 소지하는 경우 답안과 무효 처리를 받을 수 있으므로, 특히 부정한 자료로 응시표를 편단되는 경우에는 5년간 공무원 임용시험 응시자격 정지 처분을 받을 수 있습니다.

4. 시험 중 물품(수험번호이므로, 컴퓨터용 흑색 사인펜 등)을 빌리거나 빌려주는 행위는 부정행위로 간주될 수 있습니다.

5. 시험종료 후에도 계속하여 답안지를 작성하거나, 시험감독관의 답안지 제출에 지시에 응하지 않은 경우에는 무효처분을 받게 됩니다.

6. 답안 기재가 끝났더라도 시험종료 후 시험감독관의 지시가 있을 때까지 퇴실할 수 없으며, 배부된 모든 답안지는 반드시 제출하여야 합니다.

7. 그 밖에 공고문의 응시자 준수사항이나 시험감독관의 정당한 지시 등을 따르지 않을 경우 부정행위자로 간주될 수 있습니다.

공무원 9급 공개경쟁채용 필기시험 답안지

컴퓨터용 흑색사인펜만 사용

책형

[필적감정용 기재]
* 아래 예시문을 옮겨 적으시오
본인은 OOO(응시자성명)임을 확인함

기 재 란

성 명	
자필성명	본인 성명 기재
응시직렬	
응시지역	
시험장소	

※ 시험감독관 서명
(성명을 정자로 기재할 것)

책지 날인란 사용

응 시 번 호

생 년 월 일

제1과목

문번				
1	①	②	③	④
2	①	②	③	④
3	①	②	③	④
4	①	②	③	④
5	①	②	③	④
6	①	②	③	④
7	①	②	③	④
8	①	②	③	④
9	①	②	③	④
10	①	②	③	④
11	①	②	③	④
12	①	②	③	④
13	①	②	③	④
14	①	②	③	④
15	①	②	③	④
16	①	②	③	④
17	①	②	③	④
18	①	②	③	④
19	①	②	③	④
20	①	②	③	④

제2과목

문번				
1	①	②	③	④
2	①	②	③	④
3	①	②	③	④
4	①	②	③	④
5	①	②	③	④
6	①	②	③	④
7	①	②	③	④
8	①	②	③	④
9	①	②	③	④
10	①	②	③	④
11	①	②	③	④
12	①	②	③	④
13	①	②	③	④
14	①	②	③	④
15	①	②	③	④
16	①	②	③	④
17	①	②	③	④
18	①	②	③	④
19	①	②	③	④
20	①	②	③	④

제3과목

문번				
1	①	②	③	④
2	①	②	③	④
3	①	②	③	④
4	①	②	③	④
5	①	②	③	④
6	①	②	③	④
7	①	②	③	④
8	①	②	③	④
9	①	②	③	④
10	①	②	③	④
11	①	②	③	④
12	①	②	③	④
13	①	②	③	④
14	①	②	③	④
15	①	②	③	④
16	①	②	③	④
17	①	②	③	④
18	①	②	③	④
19	①	②	③	④
20	①	②	③	④

제4과목

문번				
1	①	②	③	④
2	①	②	③	④
3	①	②	③	④
4	①	②	③	④
5	①	②	③	④
6	①	②	③	④
7	①	②	③	④
8	①	②	③	④
9	①	②	③	④
10	①	②	③	④
11	①	②	③	④
12	①	②	③	④
13	①	②	③	④
14	①	②	③	④
15	①	②	③	④
16	①	②	③	④
17	①	②	③	④
18	①	②	③	④
19	①	②	③	④
20	①	②	③	④

제5과목

문번				
1	①	②	③	④
2	①	②	③	④
3	①	②	③	④
4	①	②	③	④
5	①	②	③	④
6	①	②	③	④
7	①	②	③	④
8	①	②	③	④
9	①	②	③	④
10	①	②	③	④
11	①	②	③	④
12	①	②	③	④
13	①	②	③	④
14	①	②	③	④
15	①	②	③	④
16	①	②	③	④
17	①	②	③	④
18	①	②	③	④
19	①	②	③	④
20	①	②	③	④

응시자 준수사항

□ 답안지 작성요령

※ 다음 사항을 준수하지 않을 경우에 발생하는 불이익은 응시자에게 귀책사유가 있으므로 기재된 내용대로 이행하여 주시기 바랍니다.

1. 특점은 OCR 스캐너 판독결과에 따라 산출합니다. 모든 기재 및 표기사항은 "컴퓨터용 흑색 사인펜"을 사용하여 반드시 〈보기〉의 올바른 표기 방식으로 답안을 작성하여야 합니다.

   답안은 전부 채우지 않고 정답만 찍어 기재한 경우, 번짐 등으로 두 개 이상의 답란에 표기된 경우, 누르기 약해 발생할 수 있는 컴퓨터용 흑색 사인펜을 사용하여 답안을 흐리게 표기한 경우 등,

   따르지 않아 발생할 수 있는 불이익(득점 불인정 등)은 응시자 본인 책임이므로 유의하시기 바랍니다.

   〈보기〉 올바른 표기 : ●

   잘못된 표기 : ◐ ⊗ ⊙ ◉ ◯ ◯ ② Ⓡ

2. 객색불째, 연필, 사프펜 등 배의 종류의 색이 예비표기를 하여 중복 답안으로 판독될 경우에는 불이익을 받을 수 있으므로 각별히 주의하시기 바랍니다.

3. 답안지를 받으면 상단에 인쇄된 성명, 응시직렬, 응시지역, 시험장소, 응시번호, 생년월일이 응시자 본인의 정보와 일치하는지 확인하기 바랍니다.

   가. (책 형) 응시자는 시험 시작 전 감독관 지시에 따라 문제책 앞면에 해당 책형을 확인한 후, 답안지 책형란에 해당 책형(1개)을 "●"로 표기하여야 합니다.

   나. (필적감정용 기재) 본인의 한글 성명을 정자로 직접 기재하여야 합니다.
   ※ 책형 및 인적사항을 기재하지 않을 경우 불이익(단체시험 무효 처리 등)을 받을 수 있습니다.

   다. (교체답안지 작성) 답안지를 교체하면 반드시 교체답안지 상단 책형란에 해당 책형을 "●"로 표기하고, 필적감정용 기재란, 성명, 자필성명, 응시직렬, 응시지역, 시험장소, 응시번호, 생년월일을 빠짐없이 작성(표기)하여야 하며, 작성한 답안지는 1인 1매만 유효합니다.

4. 시험이 시작되면 문제책 연결번호와 표지의 과목순서 간의 일치 여부, 문제 누락·파손 등 문제책 인쇄상태를 반드시 확인하여야 합니다.

5. 답안은 반드시 문제책 표지의 과목순서에 맞추어 표기하여야 하며, 과목 순서를 바꾸어 표기한 경우에도 문제책 표지의 과목순서대로 채점되므로 각별히 유의하시기 바랍니다.
   - 선택과목이 있는 경우에도 문제책 표지의 과목 순서대로 본인의 선택과목 순서에 맞게 채과목과 제5과목의 답안을 표기하거나, 선택과목 순서를 바꾸어 표기한 경우에도 응시표에 기재된 선택과목 순서대로 채점됩니다.

6. 답안은 매 문항마다 반드시 하나의 답만을 골라 그 숫자에 "●"로 표기하여야 하며,
   - 표기한 답안을 수정하는 경우에는 응시자 본인이 가져온 수정테이프만을 사용하여 해당 부분을 완전히 지우고 부착된 수정테이프가 떨어지지 않도록 눌러주어야 합니다.(수정액 또는 수정스티커 등은 사용 불가)
   - 불량 수정테이프의 사용과 불완전한 수정처리로 인해 발생하는 모든 응시자 본인에게 책임이 있음을 유념하시기 바랍니다.

7. 답안지는 훼손·오염되거나 구겨지지 않도록 주의해야 하며, 특히 답안지 상단의 타이밍 마크(▐▐▐▐▐)를 절대로 훼손해서는 안됩니다.

□ 부정행위 등 금지

※ 다음 사항을 위반한 경우에는 공무원임용시험령 제51조(부정행위자 등에 대한 조치)에 따라 그 시험의 정지, 무효, 합격취소, 5년간 공무원임용시험 응시자격 정지 등의 처분을 받게 됩니다.

1. 시험시작 전까지 문제내용을 보아서는 안됩니다.

2. 시험시간 중 통신, 계산 또는 검색 기능이 있는 일체의 전자기기(휴대전화, 태블릿PC, 스마트워치, 이어폰, 스마트밴드, 전자담배, 전자계산기, 디지털카메라, MP3플레이어, DMB플레이어 등)를 소지할 수 없습니다.

3. 응시표에 기재된 과목 외 답안지에 응시자와 관련된 인쇄된 내용은 일체의 표시를 해서도 안되며, 특히 부정한 자료로 간주되는 소지하고 있는 경우 단체시험 무효 처리를 받을 수 있으며, 특히 부정한 자료로 간주되는 경우에는 5년간 공무원 임용시험 응시자격 정지 처분을 받을 수 있습니다.

4. 시험 중 휴대(수정테이프 이외, 컴퓨터용 흑색 사인펜 등)를 빌리거나 빌려주는 행위는 부정행위로 간주될 수 있습니다.

5. 시험종료 후에도 계속하여 답안지를 작성하거나, 시험감독관의 답안지 제출 지시에 불응할 경우에는 무효처리를 받게 됩니다.

6. 답안 기재가 끝났더라도 시험종료 후 시험감독관의 지시가 있을 때까지 모든 답안지는 반드시 제출하여야 합니다.

7. 그 밖에 공고문의 응시자 준수사항이나 시험감독관의 정당한 지시 등을 따르지 않을 경우 부정행위자로 간주될 수 있습니다.

공무원 9급 공개경쟁채용 필기시험 답안지

컴퓨터용 흑색사인펜만 사용

※ 시험감독관 서명
(성명을 정자로 기재할 것)

책형

[필적감정용 기재]
* 아래 예시문을 옮겨 적으시오
본인은 OOO(응시자성명)임을 확인함

기 재 란

성 명	
자필성명	본인 성명 기재
응시직렬	
응시지역	
시험장소	

응시번호

생년월일

문번	제1과목	문번	제2과목	문번	제3과목	문번	제4과목	문번	제5과목
1	①②③④	1	①②③④	1	①②③④	1	①②③④	1	①②③④
2	①②③④	2	①②③④	2	①②③④	2	①②③④	2	①②③④
3	①②③④	3	①②③④	3	①②③④	3	①②③④	3	①②③④
4	①②③④	4	①②③④	4	①②③④	4	①②③④	4	①②③④
5	①②③④	5	①②③④	5	①②③④	5	①②③④	5	①②③④
6	①②③④	6	①②③④	6	①②③④	6	①②③④	6	①②③④
7	①②③④	7	①②③④	7	①②③④	7	①②③④	7	①②③④
8	①②③④	8	①②③④	8	①②③④	8	①②③④	8	①②③④
9	①②③④	9	①②③④	9	①②③④	9	①②③④	9	①②③④
10	①②③④	10	①②③④	10	①②③④	10	①②③④	10	①②③④
11	①②③④	11	①②③④	11	①②③④	11	①②③④	11	①②③④
12	①②③④	12	①②③④	12	①②③④	12	①②③④	12	①②③④
13	①②③④	13	①②③④	13	①②③④	13	①②③④	13	①②③④
14	①②③④	14	①②③④	14	①②③④	14	①②③④	14	①②③④
15	①②③④	15	①②③④	15	①②③④	15	①②③④	15	①②③④
16	①②③④	16	①②③④	16	①②③④	16	①②③④	16	①②③④
17	①②③④	17	①②③④	17	①②③④	17	①②③④	17	①②③④
18	①②③④	18	①②③④	18	①②③④	18	①②③④	18	①②③④
19	①②③④	19	①②③④	19	①②③④	19	①②③④	19	①②③④
20	①②③④	20	①②③④	20	①②③④	20	①②③④	20	①②③④

응시자 준수사항

□ 답안지 작성요령

※ 다음 사항을 준수하지 않을 경우에 발생하는 불이익은 응시자에게 귀속사항이 있으므로 기재란 내용대로 이행하여 주시기 바랍니다.

1. 특점은 OCR 스캐너 판독장비와의 호환에 따라 산출합니다. 모든 기재 및 표기사항은 "컴퓨터용 흑색 사인펜"을 사용하여 반드시 〈보기〉의 올바른 표기 방식으로 답안을 작성하여야 합니다.

   답안을 전부 채우지 않고 정부 찍어 표기한 경우, 번짐 등으로 두 개 이상의 답안에 표기된 경우, 농도가 옅어 컴퓨터용 흑색 사인펜을 사용하여 답안 흐리게 표기한 경우, 응시자의 올바른 표기 방식에 따르지 않아 발생할 수 있는 불이익(특점 불인정 등)은 응시자 본인 책임이므로 유의하시기 바랍니다.

   〈보기〉 올바른 표기 : ●   잘못된 표기 : ◎ ⊗ ◉ ⊖ ○ ◑ ② ⑧

2. 적색볼펜, 연필, 샤프펜 등 별의 종류와 상관없이 예비표기를 하여 중복 답안으로 판독된 경우에는 불이익을 받을 수 있으므로 각별히 주의하시기 바랍니다.

3. 답안지를 받으면 상단에 인쇄된 성명, 응시직렬, 응시지역, 시험장소, 응시번호, 생년월일이 응시자 본인의 정보와 일치하는지 확인하기 바랍니다.

   가. (성   명) 응시자는 시험 시작 전 주관식 지시에 따라 문제책 앞면에 인쇄된 책형을 확인한 후, 답안지 책형란에 해당 책형(1개)을 "●"로 표기하여야 합니다.

   나. (필적감정용 기재) 본인의 한글성명을 정자로 직접 기재하여야 합니다.

   ※ 책형 및 인적사항을 기재하지 않을 경우 직접 불이익(당해시험 무효 처리 등)을 받을 수 있습니다.

   다. (교체답안지 작성) 답안지를 교체하면 반드시 교체답안지 상단 책형란에 해당 책형 (1개)을 "●"로 표기하고, 필적감정용 기재란, 성명, 자필성명, 응시직렬, 응시지역, 시험장소, 응시번호, 생년월일을 빠짐없이 작성(표기)하여야 하며, 작성한 답안지는 1인 1매만 유효합니다.

4. 시험이 시작되면 문제책 편철과 표지의 과목순서 간의 일치 여부, 문제 누락·파손 등 문제책 인쇄상태를 반드시 확인하여야 합니다.

5. 답안은 반드시 문제책 표지의 과목순서에 맞추어 표기하여야 하며, 과목순서를 바꾸어 표기한 경우에도 문제책 표지의 과목순서대로 채점되므로 응시자에게 인쇄된 선택과목 순서를 바꾸어 표기하거나, 선택과목을 잘못 표기하는 경우에는
   ─ 선택과목과 제5과목의 답안을 잘못 표기하여야 합니다. 원서접수 시 선택한 과목이 아닌 제4과목과 제5과목의 답안을 기재란에 인쇄된 선택과목 순서에 따라 응시표의 선택과목 순서대로 채점되므로 유의하시기 바랍니다.

6. 답안은 매 문항마다 반드시 하나의 답만을 골라 그 숫자에 "●"로 표기하여야 하며,
   ─ 표기한 답안을 수정하는 경우에는 응시자 본인이 가져온 수정테이프만을 사용하여 해당 부분을 완전히 지우고 부정확한 수정으로 인해 발생하는 모든 문제는 응시자 본인에게 책임이 있음을 유념하시기 바랍니다. (수정액 또는 수정스티커 등은 사용 불가)

7. 답안지는 훼손·오염되거나 구겨지지 않도록 주의하여야 하며, 특히 답안지 상단의 타이밍 마크(▮▮▮▮▮▮)를 절대로 훼손해서는 안됩니다.

□ 부정행위 등 금지

※ 다음 사항을 위반한 경우에는 공무원임용시험령 제51조(부정행위자 등에 대한 조치)에 따라 그 시험의 정지, 무효, 합격취소, 5년간 공무원임용시험 응시자격 정지 등의 처분을 받게 됩니다.

1. 시험과 시작 전까지 문제내용을 보아서는 안됩니다.

2. 시험시간 중에 통신, 계산 또는 검색 기능이 있는 일체의 전자기기(휴대전화, 태블릿PC, 스마트워치, 이어폰, 스마트밴드, 전자담배, 전자계산기, 디지털카메라, MP3플레이어, DMB플레이어 등)를 소지할 수 없습니다.

3. 응시표준사항 외 시험과 관련된 내용이 인쇄된 배부물 및 물품 등의 시험시간 중 스마트기기 있는 경우 답안지에 무효 처분을 받을 수 있으며, 특히 부정한 자료로도 완단되는 경우에는 5년간 공무원 임용시험 응시자격 정지 처분을 받습니다.

4. 시험 중 물품(수정테이프, 컴퓨터용 흑색 사인펜 등)을 빌리거나 빌려주는 행위는 부정행위로 간주될 수 있습니다.

5. 시험종료 후에도 계속하여 답안지를 작성하거나, 시험감독관의 답안지 제출 지시에 불응할 경우에는 무효처분을 받게 됩니다.

6. 답안, 책형 및 인적사항 등 모든 기재(표기) 사항 작성은 시험종료 전까지 해당 시험실에서 완료하여야 하며, 특히 답안지 교체 후 누락되는 항목이 없도록 유의하시기 바랍니다.

7. 그 밖에 공고문상의 응시자 준수사항이나 시험감독관의 정당한 지시 등을 따르지 않을 경우 부정행위자로 간주될 수 있습니다.

공무원 9급 공개경쟁채용 필기시험 답안지

컴퓨터용 흑색사인펜만 사용

책 형

가 나 다 라

[필적감정용 기재]
* 아래 예시문을 옮겨 적으시오
본인은 OOO(응시자성명)임을 확인함

기 재 란

성 명	
자필성명	본인 성명 기재
응시직렬	
응시지역	
시험장소	

응시번호

생년월일

※ 시험감독관 서명
(성명을 정자로 기재할 것)

책임 통제관 서명

제1과목

문번				
1	①	②	③	④
2	①	②	③	④
3	①	②	③	④
4	①	②	③	④
5	①	②	③	④
6	①	②	③	④
7	①	②	③	④
8	①	②	③	④
9	①	②	③	④
10	①	②	③	④
11	①	②	③	④
12	①	②	③	④
13	①	②	③	④
14	①	②	③	④
15	①	②	③	④
16	①	②	③	④
17	①	②	③	④
18	①	②	③	④
19	①	②	③	④
20	①	②	③	④

제2과목

문번				
1	①	②	③	④
2	①	②	③	④
3	①	②	③	④
4	①	②	③	④
5	①	②	③	④
6	①	②	③	④
7	①	②	③	④
8	①	②	③	④
9	①	②	③	④
10	①	②	③	④
11	①	②	③	④
12	①	②	③	④
13	①	②	③	④
14	①	②	③	④
15	①	②	③	④
16	①	②	③	④
17	①	②	③	④
18	①	②	③	④
19	①	②	③	④
20	①	②	③	④

제3과목

문번				
1	①	②	③	④
2	①	②	③	④
3	①	②	③	④
4	①	②	③	④
5	①	②	③	④
6	①	②	③	④
7	①	②	③	④
8	①	②	③	④
9	①	②	③	④
10	①	②	③	④
11	①	②	③	④
12	①	②	③	④
13	①	②	③	④
14	①	②	③	④
15	①	②	③	④
16	①	②	③	④
17	①	②	③	④
18	①	②	③	④
19	①	②	③	④
20	①	②	③	④

제4과목

문번				
1	①	②	③	④
2	①	②	③	④
3	①	②	③	④
4	①	②	③	④
5	①	②	③	④
6	①	②	③	④
7	①	②	③	④
8	①	②	③	④
9	①	②	③	④
10	①	②	③	④
11	①	②	③	④
12	①	②	③	④
13	①	②	③	④
14	①	②	③	④
15	①	②	③	④
16	①	②	③	④
17	①	②	③	④
18	①	②	③	④
19	①	②	③	④
20	①	②	③	④

제5과목

문번				
1	①	②	③	④
2	①	②	③	④
3	①	②	③	④
4	①	②	③	④
5	①	②	③	④
6	①	②	③	④
7	①	②	③	④
8	①	②	③	④
9	①	②	③	④
10	①	②	③	④
11	①	②	③	④
12	①	②	③	④
13	①	②	③	④
14	①	②	③	④
15	①	②	③	④
16	①	②	③	④
17	①	②	③	④
18	①	②	③	④
19	①	②	③	④
20	①	②	③	④

응시자 준수사항

□ **답안지 작성요령**

※ 다음 사항을 준수하지 않을 경우에 발생하는 불이익은 응시자에게 귀책사유가 있으므로 기재된 내용대로 이행하여 주시기 바랍니다.

1. 특정용 OCR 스캐너로 판독결과에 따라 산출합니다. 모든 기재 및 표기사항은 "컴퓨터용 흑색 사인펜"을 사용하여 반드시 〈보기〉의 올바른 표기 방식으로 답안을 작성하여야 합니다.

   답안은 전부 채우지 않고 컴퓨터용 흑색 사인펜을 사용하여 답안을 작성한 경우, 누구나 읽을 컴퓨터용 흑색 사인펜을 사용하여 답안을 흐리게 표기한 경우 등 올바른 표기 방식에 따르지 않아 발생될 수 있는 불이익(득점 불인정 등)은 응시자 본인 책임이므로 유의하시기 바랍니다.

   〈보기〉 올바른 표기 : ●   잘못된 표기 : ⊗ ◑ ① ○ ◒ ②

2. 객관식 문제, 약칭, 사표 등 본의 상관없이 예비표기를 하여 중복 답안으로 만드된 경우에는 본인이일 받을 수 있으므로 각별히 주의하시기 바랍니다.

3. 답안지를 받으면 상단에 인쇄된 문의 책형란에 해당 책형을 확인한 후, 답안지 책형 지시에 따라 문제책 앞면에 인쇄된 책형을 확인하시기 바랍니다.

   가. (책 형) 응시자는 시험 시작 전 감독관 지시에 따라 문제책 앞면에 인쇄된 책형을 확인한 후, 답안지 책형란에 해당 책형(1개를 "●"로 표기)하여야 합니다.

   나. (필적감정용 기재) 본인의 한글성명을 정자로 직접 기재하여야 합니다.

   ※ 책형 및 인적사항을 기재하지 않을 경우 불이익(단체시험 무효 처리 등)을 받을 수 있습니다.

   다. (교체답안지 작성) 답안지를 교체하면 반드시 교체답안지 상단 책형란에 해당 책형 (1개를 "●"로 표기)하고, 필적감정용 기재란, 성명, 자필성명, 응시직렬, 응시지역, 시험장소, 응시번호, 생년월일을 빠짐없이 작성(표기)하여야 하며, 작성한 답안지는 1인 1매만 유효합니다.

4. 시험이 시작되면 문제책 편철과 표지의 과목순서 일치 여부, 문제 누락·파손 등 문제책 인쇄상태를 반드시 확인하여야 합니다.

5. 답안은 반드시 문제책 표지의 과목순서에 맞추어 표기하여야 하며, 과목 순서를 바꾸어 표기한 경우에도 문제책 표지의 과목 순서대로 채점되므로 유의하시기 바랍니다.

   - 선택과목이 있는 경우에는 본인이 응시한 선택과목이 맞는지 확인하고 표기하여야 합니다. 원서접수 시 선택한 과목이 아닌 다른 과목을 선택하여 답안을 표기하거나, 선택과목 순서를 바꾸어 표기한 경우에도 원서접수 시 선택한 과목 순서대로 채점되므로 유의하시기 바랍니다.

6. 답안은 매 문항마다 반드시 하나의 답만을 골라 그 숫자에 "●"로 표기하여야 하며, 표기한 답안을 수정하고자 하는 경우에는 답안지를 교체하여 작성하거나, 수정테이프만을 사용하여 작성할 수 있습니다.

   - 표기한 답안을 수정하는 경우에는 응시자 본인이 가져온 수정테이프만을 사용하여 해당 부분을 완전히 지우고 부득이 표기가 이루어진 경우나 벗어난 표기 등으로 인해 발생하는 모든 불이익은 응시자 본인에게 있습니다.(수정스티커 또는 수정액은 사용 불가).
   - 불량 수정테이프의 사용으로 인해 발생하는 모든 문제는 응시자 본인에게 책임이 있음을 유념하시기 바랍니다.

7. 답안지는 훼손·오염되거나 구겨지지 않도록 주의하여야 하며, 특히 답안지 상단의 타이밍 마크(▮▮▮▮)를 절대 훼손해서는 안됩니다.

□ **부정행위 등 금지**

※ 다음 사항을 위반한 경우에는 공무원임용시험령 제51조(부정행위자 등에 대한 조치)에 따라 그 시험의 정지, 무효, 합격취소, 5년간 공무원임용시험 응시자격 정지 등의 불이익 처분을 받게 됩니다.

1. 시험시작 전까지 문제내용을 보아서는 안됩니다.

2. 시험시간 중 통신·전자 계산 기능이 있는 일체의 기기(휴대전화, 태블릿PC, 스마트워치, 이어폰, 스마트밴드, 전자계산기, 전자사전, 디지털카메라, MP3플레이어, DMB플레이어 등)를 소지할 수 없습니다.

3. 응시표에 표기된 답안지, 응시자를 확인할 수 있는 일체의 내용이 인쇄 또는 필기된 응시자 본인 단체시험 무효 처리를 받을 수 있으며, 특히 부정행위 지료로도 판단되는 경우에는 5년간 공무원 임용시험 응시자격 정지 처분을 받을 수 있습니다.

4. 시험 중 타인과의 답안을 교환하거나, 컴퓨터용 흑색 사인펜 등을 빌리거나 빌려주는 행위는 부정행위로 간주될 수 있습니다.

5. 시험종료 후에도 답안지를 작성하거나, 시험감독관의 답안지 제출 지시에 불응할 경우에는 무효처분을 받게 됩니다.

   - 답안, 책형 및 인적사항 등 모든 기재(표기) 사항 작성은 시험종료 전까지 해당 시험실에서 완료하여야 하며, 특히 답안지 교체 후 누락되는 항목이 없도록 유의하시기 바랍니다.

6. 답안 기재가 끝났더라도 시험종료 후 시험감독관의 지시가 있을 때까지 퇴실할 수 없으며, 배부된 모든 답안지는 반드시 제출하여야 합니다.

7. 그 밖에 공고문의 응시자 준수사항이나 시험감독관의 정당한 지시 등을 따르지 않을 경우 부정행위자로 간주될 수 있습니다.